中蒙俄经济走廊基础设施建设效应研究

赵双剑　著

哈尔滨工程大学出版社

Harbin Engineering University Press

内容简介

中蒙俄经济走廊是"一带一路"的六大经济走廊之一,旨在为中国、蒙古国和俄罗斯联邦之间提供一条安全、畅通、高效的运输大通道。作为向北开放的重要窗口,中蒙俄经济走廊必将在地区经济发展、东北振兴和全国乃至东北亚经济发展全局的战略高度上发挥重要作用。本书通过对中蒙俄经济走廊发展现状的分析,透视中蒙俄三方的合作情况,揭示出经济走廊建设中存在的问题,并为其发展建言献策。书中对中蒙俄经济走廊基础设施建设的空间效应、产出效应和开放效应的分析,有利于读者全面认识中蒙俄经济走廊的作用,发掘中蒙俄经济走廊的建设潜力,具有一定的理论和现实意义。

本书适合研究"一带一路"、区域经济、对外贸易以及基础设施效应的研究者、学生作为参考使用,也可供对此类问题感兴趣的读者阅读。

图书在版编目(CIP)数据

中蒙俄经济走廊基础设施建设效应研究/赵双剑著. —哈尔滨:哈尔滨工程大学出版社,2022.12
ISBN 978 - 7 - 5661 - 3771 - 5

Ⅰ. ①中… Ⅱ. ①赵… Ⅲ. ①基础设施建设 - 国际合作 - 经济合作 - 研究 - 中国、蒙古、俄罗斯 Ⅳ.
①F299.24②F299.311.4③F299.512.4

中国版本图书馆 CIP 数据核字(2022)第 241499 号

中蒙俄经济走廊基础设施建设效应研究
ZHONG-MENG-E JINGJI ZOULANG JICHU SHESHI JIANSHE XIAOYING YANJIU

选题策划　夏飞洋
责任编辑　张　彦　刘思凡
封面设计　刘长友

出版发行　哈尔滨工程大学出版社
社　　址　哈尔滨市南岗区南通大街 145 号
邮政编码　150001
发行电话　0451 - 82519328
传　　真　0451 - 82519699
经　　销　新华书店
印　　刷　哈尔滨午阳印刷有限公司
开　　本　787 mm × 960 mm　1/16
印　　张　9.5
字　　数　181 千字
版　　次　2022 年 12 月第 1 版
印　　次　2022 年 12 月第 1 次印刷
定　　价　42.00 元
http://www.hrbeupress.com
E-mail:heupress@ hrbeu.edu.cn

前　言

2013 年 9 月 7 日,中国国家主席习近平在哈萨克斯坦发表重要演讲时首次提出了共同建设"丝绸之路经济带"的倡议。同年 10 月 3 日,习近平主席在印度尼西亚国会发表演讲,提出共同建设 21 世纪"海上丝绸之路",勾画出了"一带一路"的概念。2014 年 9 月,习近平主席在杜尚别与蒙俄元首会晤时提出了打造"中蒙俄经济走廊"的设想。国家发展和改革委员会、外交部和商务部于 2015 年 3 月发布的《推进共建丝绸之路经济带和 21 世纪海上丝绸之路的愿景与行动》中确认了中蒙俄经济走廊作为"一带一路"六大经济走廊之一的地位。中蒙俄经济走廊着重于互联互通的基础设施建设,旨在为中国、蒙古国和俄罗斯联邦之间提供一条安全、畅通、高效的运输大通道。中国、蒙古国和俄罗斯正在积极进行基础设施建设和合作,中蒙俄经济走廊的基础设施建设政策在三国之间的空间集聚、经济增长和收入转移方面都产生了一定的影响,也为经济走廊国内沿线地区经济总量带来了产出效应和开放效应。

作为向北开放的重要窗口,中蒙俄经济走廊必将在区域经济发展、东北振兴和中国乃至东北亚经济发展全局等不同方面发挥重要作用。本书通过对中蒙俄经济走廊发展现状的分析,透视中蒙俄三方的合作情况,揭示出经济走廊建设中存在的问题,并为其发展建言献策。对中蒙俄经济走廊基础设施建设的空间效应、产出效应和开放效应的分析有利于人们全面认识中蒙俄经济走廊的作用并发掘中蒙俄经济走廊的建设潜力,具有一定的理论和现实意义。

根据这一政策实践,本书做了以下研究:

首先,就中蒙俄经济走廊的形成作了简要阐释,说明了撰写本书的缘由。从研究的理论意义和现实意义两个方面论证了研究的必要性,阐述了本书的研究方法、基本结构、主要内容、主要的创新点和不足。

结合对经济走廊的理论研究、经济走廊的实践研究、中蒙和中俄经贸关系的研究、对中蒙俄经济走廊的认识和基础设施效应研究等几个方面的国内外文献进行分析和综述,对经济走廊基础设施建设效应的相关理论进行分析。界定了经济走廊和中蒙俄经济走廊的相关概念与内涵,介绍了中蒙俄经济走廊基础设施建设所产生的空间效应、产出效应和开放效应理论。

接着对中蒙俄经济走廊发展现状进行分析,介绍了中蒙俄经济走廊目前的建设状况和中俄、中蒙在能源资源、双边贸易、投资和工程承包项目等方面的合作,以及在服务行业对接上的表现。

　　然后,分别对中蒙俄经济走廊基础设施建设的空间、产出和开放效应展开了实证分析。空间效应方面,以中国东北地区、俄远东地区和蒙古国的实证经验为依据分析了降低区内交易成本、区际交易成本和促进技术溢出的空间效应。考察了蒙古国的集聚条件,揭示了其不能发生集聚的原因。产出效应方面,结合中蒙俄经济走廊利用不同的基础设施隐性指标,通过主成分分析构建综合基础设施指数,利用基础设施综合指标的表达式对基础设施样本附分,再进行回归分析,揭示了基础设施政策的产出效应。开放效应方面,对中蒙俄经济走廊对外开放度进行了测度,再横向对"一带一路"六大经济走廊国内沿线地区的对外开放度进行比较分析,运用中蒙俄经济走廊国内八省市对外开放度、GDP 增长率、货运量增长率和人口迁入比例的数据进行回归分析,得到计量模型。结果表明,经济增长率、运输能力、交通便利性和对外包容度对对外开放效应均有推动作用,应予以加强。

　　最后,给出加快推进中蒙俄经济走廊基础设施建设的对策及建议:中蒙俄经济合作亟须转型升级,以进一步加强中蒙俄经济走廊基础设施建设;进一步加强交通基础设施建设;结合新型基础设施建设发展电子商务;进一步加强金融基础设施建设。

　　本书的创新点主要在体现在:通过将空间经济学原理运用到经济走廊实践分析中,试图找到中蒙俄经济走廊沿线国家区位、收入、经济增长率和经济集聚之间的关系;对中蒙俄经济走廊利用不同的基础设施隐性指标通过主成分分析构建综合基础设施指数,利用基础设施综合指标的表达式对基础设施样本附分,再进行回归分析,找出中蒙俄经济走廊基础设施政策的外溢效应;利用六大经济走廊对外开放度的比较分析,为中蒙俄经济走廊的发展提供借鉴经验。

著　者

2022 年 12 月

目　　录

第1章 绪 论

1.1 研究的背景

古代中国是一个开放的、与周边国家交往密切的文明古国。中国封建社会时期强大的商业地位在很大程度上要归功于"丝绸之路",它不仅是促进东西方交流融合的重要途径,也是人类文明史上的重要里程碑,实现了多种文化体系的交融,其中包括希腊文化、中国文化、印度文化以及伊斯兰文化,在两千余年的发展中,它为人类社会的进步与繁荣贡献出了巨大力量。

在西汉时期就已经开辟的丝绸之路,在隋唐时期开始兴盛,而在明清时期逐渐走向衰落。在数千年的历史变迁中,受到诸多因素的影响,如边疆民族迁徙、中原政权变更等,丝绸之路的实际路线也发生了变化。起点为长安,经过河西走廊,穿越帕米尔高原,经中亚以及西亚地区直至地中海沿岸的欧洲国家,这一贸易通道被称为"西北丝绸之路";起点为四川,途经云南、缅甸直到印度,这一贸易通道则被称为"西南丝绸之路"。以上两条路线统称为"陆上丝绸之路"。从东北、华北地区开始,途经蒙古高原,穿越西伯利亚森林地带的大草原,之后到达到咸海、里海一带,贯穿整个欧亚大陆草原地带,这一东西交通线被人们称为"草原丝绸之路";开始于陆上西南丝绸之路以南的方向,途经泉州以及广州等沿海港口城市后出海,直至东南亚、斯里兰卡以及印度,之后到达波斯湾、红海地区,这一通道被人们称为"海上丝绸之路"。

在20世纪末,联合国提出了复兴丝绸之路的"新丝绸之路"计划,各国纷纷响应。2013年9月7日,习近平主席在哈萨克斯坦访问期间,为了促进欧亚各国的经济发展,增进各国之间的贸易合作,提出了共建"丝绸之路经济带"的倡议。2013年10月3日,习近平主席在印度尼西亚国会上发表题为《携手建设中国—东盟命运共同体》的演讲,在本次演讲中,习近平主席明确提出,中国愿同东盟国家加强海上合作,使用好中国政府设立的中国—东盟海上合作基金,发展好海洋合作伙伴关系,共同建设21世纪"海上丝绸之路"。与此同时,习近平主席也勾勒出了"一带一路"的伟大蓝图。

步入 21 世纪之后,中蒙俄三国为了促进国家的经济发展,相继制定了国家新时代的发展战略。在中共十八大报告中,我国明确提出了"两个百年奋斗目标";2008 年,俄政府出台了《2020 年前俄罗斯联邦社会经济长期发展构想》;蒙古国颁布了《基于千年发展目标的国家综合发展战略(2008—2021 年)》。

2014 年 9 月,在中蒙俄领导人首次会晤时,习近平主席提出,三国之间具有高度契合的发展战略,可以将"一带一路"倡议与俄罗斯跨欧亚大铁路、蒙古国"草原之路"战略有效结合,合力建设中蒙俄经济走廊,形成资源优势互补,共同促进彼此的发展,实现经济效益最大化的目标,从而达到合作共赢的目的。

2015 年 3 月,我国政府出台了《推进共建丝绸之路经济带和 21 世纪海上丝绸之路的愿景与行动》,该文件明确指出要:"充分体现出内蒙古联通俄蒙所具有的区位优势,实现黑龙江对俄铁路通道与区域铁路网的全面覆盖,加强东北三省与俄远东地区的陆海联运合作,建设北京—莫斯科欧亚高速运输走廊,构建出向北开放的重要窗口。"

作为向北开放的重要窗口,中蒙俄经济走廊必将在区域经济发展、东北振兴和中国乃至东北亚经济发展全局等不同方面发挥重要作用。中蒙俄经济走廊的基础设施建设是经济走廊建设中最重要的一环,因此考察其相关政策的各类效应,对检测经济走廊建设的成果,以及充分发挥经济走廊的对外开放效应具有重要意义。

1.2　研究的意义

1.2.1　理论意义

一是有利于加强人们对经济走廊的理论认识。经济走廊作为一种比较新颖的理论,目前学界对它的认识和研究尚不充分,对"走廊"经济理论的深入挖掘,有利于加深人们对这一问题的认识。跨境经济走廊建设是在相邻国家逐渐步入区域经济一体化的进程中,所实施的重要发展战略。通过对经济走廊的建设分析后可以发现,其最终目标就是将经济效益逐渐拓展到其他领域。现阶段,虽然学术领域关于跨境经济走廊的研究比较多,但是尚未形成统一的定义。从总体上来看,有关此方面的研究大多体现在单个实践案例分析方面,很少会对理论渊源展开深入探讨,也很少会有学者参考国际案例进行分析。本书在研究的过程中,结合空间经济学以及国际区域经济合作,选择应用实证分析的方法,充分利用城市地理学等专业知识,重点分析了跨境经济走廊的相关内容,并对其定义与内涵进行界定。

二是结合中蒙俄经济走廊的发展现状,展开一系列的实证分析。本研究主要以空间经济学的理论为基础,深入分析了经济走廊中基础设施建设的效应,实证分析了两区域中区域内和区域间通过收入转移及基础设施改善,降低交易成本,提高增长率,改变产业布局的情况,以及三区域中空间聚集的条件和现状。上述分析与研究在理论上拓展了空间经济学的应用范围及其对现实的解释力,具有一定的理论意义。

1.2.2 现实意义

第一,全视角观察中蒙俄经济走廊发展现状,审视经济走廊基础设施政策效应,发现其发展中存在的问题,助力经济走廊建设。

第二,实证检验中蒙俄经济走廊基础设施建设效应,为政府制定中蒙俄经济走廊基础设施政策提供理论支持和实证依据。

第三,对经济走廊地区开放效应的研究,有利于透彻分析经济走廊基础设施政策对地区开放度的影响。对外开放作为经济发展的重要手段是以交通基础设施建设为基础的,完善基础设施政策,有助于推动以开放为新增长点的东北经济振兴。

第四,致力于推动中蒙俄经济走廊建设,打通该通道的重要意义在于为中国生产建设输送资源和能源,助力中国经济的整体发展,为实现"一带一路"长远发展目标奠定基础。

本研究立足于理论并结合实际,分析建设中蒙俄经济走廊的理论依据,提出这一发展路线的意义和思路,致力于为地区经济政策的制定建言献策。

1.3 研究的方法

第一,系统分析法与文献分析法。系统是由两个以上存在有机联系及相互作用的部分共同构成的,具备特定结构与功能的整体。换言之,系统分析法,指的就是结合事物自身的系统性特点,将对象放在系统的形式中进行考察。研究中蒙俄经济走廊的问题,必须运用系统分析方法,把整个区域经济放在一个系统里面,全面地、系统地、联系地进行研究。文献分析法,指的是通过查阅、搜集经济走廊和中蒙俄经济走廊相关的文献资料,进行文献分析得出研究成果,为接下来的研究提供有利参考。在现有政策和规划的基础上进行测度和评价,并给出有价值的建议。

第二,实证分析法和规范分析法。在实践操作中,人们若想正确认识某一事物,并采取有效的应对措施,首要任务就是要明确事物"是什么",实证分析法,可以使这种问题得到充分解决。本书对中蒙俄经济走廊的空间效应、产出效应以及对外开放度进行了实证分析,在弄清中蒙俄经济走廊建设现状的基础上,运用规范分析法对建设中蒙俄经济走廊的基础设施政策进行了规范分析,并提出了政策建议。

第三,空间分析法。使用空间经济学原理,利用对地区空间分布特点的分析及经济区位变动所带来的影响折射出经济走廊基础设施政策的效应,并且从地理结构、现有市场规模以及基础设施水平出发分析地区的聚集力,结合实证研究,分析空间结构对地区经济的影响。

1.4　基本结构与主要内容

本书首先通过文献梳理了解本研究领域目前的研究状况和水平,吸收其他研究有价值的观点和方法,找出研究的空白点和进一步研究的方向。接下来对本研究所运用的基础理论进行阐述,介绍了本地溢出局部溢出模型(LS)和 LS 的扩展模型、基础设施产出效应理论以及基础设施开放效应的相关理论。然后对中蒙俄经济走廊发展现状进行分析,了解其发展中的成绩和不足。在前述理论的基础上对中蒙俄经济走廊区域基础设施建设空间效应、产出效应和开放效应进行实证分析,表明基础设施政策的空间效应被弱化,而在国内的产出效应和开放效应明显。最后针对研究结论给出了加快推进中蒙俄经济走廊建设的对策及建议。

本书主要由七章内容组成,可概括为:

第一章,绪论。首先就中蒙俄经济走廊的形成作了简要阐释,说明了论文撰写本书的缘由。接着从研究的理论意义和现实意义两个方面论证了研究的必要性,然后阐述了本书的研究方法、基本结构与主要内容、主要创新点及不足。

第二章,国内外文献综述。主要从经济走廊的理论研究、经济走廊的实践研究、中蒙和中俄经贸关系的研究、对中蒙俄经济走廊的认识、对中蒙俄经济走廊建设的研究和基础设施效应研究等几个方面对国内外文献进行了分析和综述。

第三章,经济走廊基础设施建设效应的相关理论分析。界定了经济走廊和中蒙俄经济走廊的相关概念与内涵,介绍了中蒙俄经济走廊基础设施建设所产生的空间效应、产出效应和开放效应理论。

第四章,中蒙俄经济走廊发展现状分析。介绍了中蒙俄经济走廊目前的状况和中俄、中蒙在能源资源、双边贸易、投资和工程承包项目等方面的合作以及在服务行业对接上的表现。

第五章,中蒙俄经济走廊基础设施建设空间效应的实证分析。以中国东北地区、俄罗斯远东地区和蒙古国的实证经验分析了降低区内交易成本、降低区际交易成本和促进技术溢出的政策效应。考察了蒙古国的集聚条件,揭示了其不能发生集聚的原因。

第六章,中蒙俄经济走廊基础设施建设产出效应实证分析。利用不同的基础设施隐性指标通过主成分分析构建中蒙俄经济走廊综合基础设施指数,并利用基础设施综合指标的表达式对基础设施样本附分,再进行回归分析,揭示了基础设施政策的产出效应。

第七章,中蒙俄经济走廊基础设施建设开放效应的实证分析。对中蒙俄经济走廊对外开放度进行了测度,再横向对"一带一路"六大经济走廊国内沿线地区的对外开放度进行比较分析,运用中蒙俄经济走廊国内八省市对外开放度、GDP增长率、货运量增长率和人口迁入比例的数据进行回归分析,得到计量模型。结果表明,判断经济增长率、运输能力、交通便利性和对外包容度对对外开放效应均有推动作用,应予以加强。

第八章,加快推进中蒙俄经济走廊基础设施建设的对策及建议。建议中蒙俄经济合作进行转型升级,应以进一步加强中蒙俄经济走廊基础设施建设;三国应进一步加强交通基础设施建设;结合新型基础设施建设发展电子商务;进一步加强金融基础设施建设。

1.5　主要创新点及不足

本书的主要创新点有:

第一,从以往的研究成果来看,人们对"走廊经济"的认知并不是很明确,也没有专门的理论与之相对应。本书通过将空间经济学原理运用到经济走廊实践分析中,试图找到中蒙俄经济走廊沿线国家区位、收入、经济增长率和经济聚集之间的关系。

第二,对中蒙俄经济走廊利用不同的基础设施隐性指标通过主成分分析构建综合基础设施指数,并利用基础设施综合指标的表达式对基础设施样本附分,再进行回归分析,找出中蒙俄经济走廊基础设施政策的外溢效应。

　　第三,利用六大经济走廊对外开放度的比较分析,为中蒙俄经济走廊的发展提供借鉴经验。

　　本书的不足之处有:由于未找到可靠的代表性变量,所以一些效应如聚集力、资本转移等,未得到量化的实证分析。受语言和信息条件的限制,对蒙古国和俄罗斯的文献、数据搜集不全面,这给中蒙俄经济走廊全区域的基础设施效应的研究带来一定障碍,在一定程度上影响了实证分析的全面性,在今后的研究中需要加强。

第2章 国内外文献综述

2.1 国外文献综述

2.1.1 经济走廊的理论研究

经济走廊,指的是一个发展的、历史的经济空间概念。经济走廊与以下几个方面存在密切的关系,包括经济地域运动、传统的区位理论、区域经济非均衡发展以及区域分工理论等,它既是一个经济区域概念,又发挥着地理大通道的作用。关于这一理论可以在增长极理论、中心地理论、空间扩散模型、交通运输经济和区位理论中溯本求源。

2.1.1.1 增长极理论

增长极(Growth Pole)理论最初是由法国学者佩鲁(Perroux)提出的。他表示,一些主导部门和具有创新能力的行业集中于某些地区,并以较快的速度优先得到发展,形成"发展极",带动其他部门和地区发展。瑞典学者缪尔达尔(Myrdal)、美国经济学家赫希曼(Hirschman)、法国经济学家布代维尔(Boudeville)、美国学者普雷德(Pred)等在研究的过程中,主要以佩鲁提出的理论概念为基础依据,对此展开了深入拓展与分析。缪尔达尔开展研究后,正式提出了累积因果理论的相关概念,在他的观点中,无论是任何一种原因,在区域间如果产生了发展水平与发展条件的差距问题,那么在发展的过程中,发展快速的地区会积累更多有利于自身发展的因素,并会抑制落后地区的发展,导致落后地区的发展形势越来越严峻。赫希曼也认为,当区域经济产生了增长点之后,在累积性聚集的作用下,可以促进自身的发展水平,拉开区际的差距。普雷德提出了基础—乘数模型,他指出,在出口收入与出口规模中,地方消费所占份额或许是地区经济规模的递增函数,由此可表明,不管任何原因,若是某一地区的经济水平达到了一定程度,就会在增长的累积进程中发生变化。因为具有充足的市场规模,本地生产也具有更多的效益性,这样将会导致基于地区出口的乘数增长,促使收入也随之增长,这些因素会产生大量的本地生产。在这些理论中,关于经济空间的"涓滴效应"以及"回流效应"等,重点突出了不平衡发展的现象。经济学家对增长极理论的不断拓展与延伸,赋予了该理论更多的可行性,使其在各国的区域经济合作开发工作中,成为重要的指导依据。

2.1.1.2　中心地理论

德国学者克里斯泰勒(Christaller)经过长时间的研究,提出了中心地理论(城市区位论)的相关概念,通过对经济活动的空间进行分析,深入地探讨了中心地或城市的聚集规模及分布的规律。首先,理论假设和基本概念是理论阐述的准备,在此基础上,克里斯泰勒提出了正六边形的市场区理论,在市场原则、交通原则、行政原则的影响下,中心地具有不同的等级性、数量、规模与分布规律。中心地理论是城镇体系空间结构的经典理论模型,为经济走廊的形成、发展规律的研究提供了重要的理论依据。

2.1.1.3　空间扩散模型

德国地理学家拉采尔(Ratzel)最早使用"扩散"一词。他认为,迁移是所有生物的一个显著特征,物种为寻求更有利的生存空间,都有从其发源地向外扩散的倾向。德国人类生态学家格雷伯纳(Graebner)首先对扩散理论进行了系统研究。此后扩散研究开始在欧美国家的人类生态学、地理学和经济学中盛行起来。在20世纪中期,扩散研究领域就已经取得了许多突破性进展,人们在思想、行为模式以及创新等方面展开了一系列研究,也构建出了许多扩散模型。瑞典学者哈格斯特朗(Hägerstrand)提出了空间扩散模型,认为知识与创新的扩散与流动是知识生态城市空间结构最重要的影响因素。创新扩散有等级模型、传染模型、位移模型三种,其空间模式由信息流动和采用阻力的空间特征所决定。城市间或者城市内部信息交流、物资流通等空间关联是创新扩散的必要条件,知识与创新扩散可能还受城市的信息基础设施、通信网络等扩散渠道及介质的影响。

2.1.1.4　交通运输经济理论

萨伊(Say)提出的消费理论,合理界定了非生产性消费,并将其分成两种类型:第一种是个人消费,第二种是政府消费。后者主要用来修建运河、铁路以及桥梁等。在他的观点中,商品的国际价值会受到运输费用的影响,较高的运输费用,会对商品的国际交换产生直接影响。弗里德里希·李斯特(List)提出,交通运输是促进经济发展的重要动力,也是生产力的组成部分。交通运输条件便利,会有效促进生产力增长,同时李斯特也认识到发达的交通运输是推动美国经济发展的动力之一。马歇尔(Marshall)认为影响生产力布局及产业区位的重要因素是交通运输,并对运输行业的发展情况进行了全面分析,他认为,可以将运输行业划分为资本密集型与局部垄断型,而且他还指出在不同商品的供求范围内,交通运输费用所产生的影响也会存在差异。在对一个国家或地区的经济增长进行衡量时,交通运输是不可或缺的一个参考因素,如果具有良好的交通运输环境,将在有效促进社会经济的发展方面起到强大的推动力。钱德拉(Chandra)及汤普森(Thompson)认为,投资新高速公路的建设,既会对高速公路穿越地区以及城市地区的经济发展产生积极影响,又可以推动邻市的经济发展,然而,对于乡村地区的经济发展来说,则会产生一定的反向作用。

2.1.1.5 区位理论

约翰·冯·杜能(Tunen)在前人提出的各项假设条件中,阐述了由于运输成本不同,农作物带结合孤立国构成同心圆分布的状况。韦伯(Weber)于1909年提出了企业区位选择理论,该理论是以成本为核心内容,尤其是运输成本,他提出的观点为,交通运输的最低成本尤为关键,也是明确产品销售条件以及给定资源供给的最佳区位方式,如果在具有一个市场与两个资源区的条件下,在选择最佳区位时,可以在这一三角形内进行选择。胡佛(Hoover)是这一学派的杰出代表人物,他对韦伯提出的理论进行了修正,并阐述了转运点区位论与终点区位论,将运输成本进一步划分为两个部分,即线路运营费用与站场费用。他认为,如果企业仅生产一种产品,所应用的原材料只有一种,并且在一个市场上进行出售,原料生产地与市场之间所采用的是直达运输方式,交通线路的起点与终点也属于最佳区位,这样将会产生最少的运输成本。若是原料生产地与市场之间所采用的并不是直达运输的方式,最佳区位是其他转运点或港口,这时三地之间会产生最小的运输成本。勒施(Losch)认为,市场会对产业集聚起到重要影响,与此同时,市场容量会受到诸多因素的影响,其中包括单位产品的运输成本等,所以,运输成本也是对产业集聚产生影响的重要因素。美国地理学家哈里斯(Harris)提出了市场潜力模型,即将一个地区作为生产地,在进行区位选择时,要结合其对市场的通达水平。他在衡量市场通达水平时,用到了市场潜力指数,得出市场潜力与市场规模呈正比的关系,与本地区到市场的距离呈反比的关系。

2.1.2　经济走廊的实践研究

斯坦因·德·吉尔(Degeer)在对经济走廊进行研究时,重点分析了工业中心间存在的相互联系,基于工业四边形概念,他还阐述了制造业带(Manufacturing Belt)的相关内容。戈特曼(Gottmann)提出了巨型都市带理论,这是他在考察美国东部沿海地带时得出的理论观点。托马斯·泰勒(Taylor)最先提出了走廊的概念——源自其编撰的城市地理学专著,描述的一条沿着阿迪杰河由几个城镇和村庄组成的 100 千米长的村镇走廊。卫贝尔(Whebell)提出了城市系统走廊理论,走廊指的是利用交通媒介与城市区域进行连接的线状系统。塔费(Taaffe)与高塞尔(Gauthier)等主要对发展中国家的交通网络现状进行了研究与分析,他们提出的观点为,走廊的主要形式是由沿海地区向内地的深入扩展。考克斯(Cox)与盖肯海默(Gakenheimer)通过长时间的研究,正式提出了发展走廊的基本理念。加拿大学者麦基(MoGee),提出了"desakata"概念,指农业和非农业高度混合的交通走廊地带,这样的地带实际上是城乡一体化的地带,也具有城乡一体化"过程"的含义。欧盟委员会于 1996 年将"欧洲走廊"定义为由公路、铁路、通信线路等在相邻城市和地区间跨界流动所形成的"轴线"。日本一桥大学教授根本智则(Toshinori)借助大湄公河区域东西经济走廊的案例分析了国际货运基础设施建设合作的重要性,并且倡导各国政府应积极为这一计划融资。莱尼(Lenny)等利用三重螺旋模型分析了三大主体(学者、当地企业和地方政府)之间的作用和关系,指出印度尼西亚通过发展以知识经济为中心的经济走廊来实现国家的整体发展目标,研究者通过实证分析提出上述模型,据以研究知识中心的知识经济发展,并将其作为研究三重螺旋主体发展知识中心经济的基本模型。

总而言之,国外学者在论述经济走廊的相关内容时,经常会用"城市走廊""走廊""都市走廊"以及"轴线"等名称来代替,其本质更加倾向于对经济走廊中"城市"与"狭长地带"的研究,也就是节点与空间距离,而关于经济走廊的基本逻辑等并未展开深入的探讨与分析。事实上,这也是经济走廊的初期形态。

2.1.3　对中蒙、中俄经贸关系的研究

2.1.3.1　对中蒙经贸关系的认识和研究

从中蒙历史上看,两国友好合作由来已久,蒙古国于 1949 年 10 月 16 日与中国正式建立了外交关系。20 世纪 60 年代,中苏关系冷却,自此之后,在对外

政策上,蒙古国追随了苏联的脚步,不再继续与中方合作。在结束"冷战"关系之后,蒙古国也及时调整了对外政策,在这一背景条件的影响下,中蒙关系也得到了缓解。1989 年,中蒙关系开始正常发展。2003 年中蒙正式构建了睦邻互信伙伴关系,2011 年中蒙构建了战略伙伴关系,2013 年中蒙两国联合签订了《中蒙战略伙伴关系中长期发展纲要》。习近平主席在 2014 年 8 月访蒙时,与蒙古国总统联合签订了《中华人民共和国和蒙古国关于建立和发展全面战略伙伴关系的联合宣言》。该文件的签署,重新定位了中蒙两国的战略伙伴关系,使之升级为全面战略伙伴关系,这也是中蒙合作关系的重要转折点,两国关系从此步入了全新的发展轨道。

2014 年 11 月,蒙方明确提出,由于具有得天独厚的地缘优势,蒙方将贯彻落实"草原之路"计划,大力发展贸易与运输产业,从而促进蒙古国的经济发展,创造出更高的经济效益。2015 年 7 月 9 日,中蒙俄三国联合通过了《中华人民共和国、俄罗斯联邦、蒙古国发展三方合作中期路线图》,"中蒙俄经济走廊"上升为三方政府承认和支持的官方计划。

自从中蒙合作以来,蒙古国专家达莱(Dalai)以及捷克学者伊·诗玛(Shima)研究了 1949—1984 年的中蒙关系。贝格兹扎布(Begzjav)翻阅了中蒙间大量的文献资料,从客观层面出发,对两国的历史关系进行了深入探讨,总结了许多经验与教训,与此同时,也阐述了在新时代的背景下,中蒙关系发展的新趋势,这一研究成果也具有重大的影响力。那·阿拉坦琪琪格(Altantsetseg)通过研究,对中蒙关系的发展历程进行分析,整理了与此相关的研究成果。他提出的观点为,随着社会经济的不断发展,两国之间的相互依存度也会逐渐提升。同时他也在两国关系中看到了广阔的发展前景。德·巴特巴雅尔(Batbayar)在研究时,主要分析了两国之间的睦邻互信伙伴关系及其发展特点,并涉及影响中蒙关系的因素。贝格兹扎布阐述了两国经贸合作的实际情况,提出了在发展过程中所面临的各项问题,探讨了未来的发展前景。蒙古国学者乌多·布拉(Udo)将 1990—2003 年划分成三个发展阶段,引入了相关的数据信息,重点分析了各个阶段的特征与现状,也提出了许多具有可行性的建议措施。蒙古国社会科学院国际问题研究所秘书长苏日呼(Shurhuu. D)于 2005 年提出,进入 21世纪之后,中蒙关系也迎来了重大转折点,这不仅带来了许多发展机遇,也带来了阻碍与挑战,蒙方如何发挥中方投资的作用,推动本国经济的发展,是需要考虑的重要问题。蒙古国经济学家扎布分析了中蒙贸易发展中存在的问题,他认为中蒙贸易不存在重大的问题,随着中蒙加入 WTO,两国之间的贸易会在 WTO的框架内进行,这有利于两国贸易进一步发展。巴图其其格研究了当代世界发展区域经济合作的重要性,以及蒙古国同两大邻国即中国和俄罗斯之间的贸易关系现状,作者认为中蒙贸易发展前景良好,尤其在矿产领域的合作会进一步加强。特·苏赫巴特尔(Sukhbaatar. T)主要探讨了关于东北亚安全的各个问题,与此同时,也对东北亚历史发展缘由进行分析,总结出了未来的发展走向。他所提出的观点为,在东北亚地区,蒙古国拥有丰富的自然资源,也是重要的资源富集地与提供国,受到这一因素的影响,蒙古国的战略地位得以提升;从地理位置来看,中蒙之间距离非常近,基于东北亚安全结构的框架基础上,两国之间加强能源合作,将会对东北亚区域的发展产生重要的影响。

2.1.3.2　对中俄经贸关系的认识和研究

国外文献大多从政治角度分析中俄跨欧亚大陆桥合作,崔西(Thrassy)认为中俄联盟加强对里海油气管道的控制将威胁美国在这一地区的主导权。恩特沙(Entessar)与纳德(Nader)研究了包括伊朗、美国、沙特阿拉伯、中国在内的欧洲—高加索—亚洲运输走廊沿线国家的外交政策,对全球化的趋势、前景和挑战做出了分析。2014年3月11日,俄罗斯正式提出了"跨欧亚发展带",这一综合性规划受到了俄罗斯科学院主席团成员的一致赞成。2014年5月俄罗斯领导人普京来华访问时签署的合作文件中,明确了中俄两国的合作方向与趋势。在访问的过程中,俄罗斯铁路股份公司与中国铁路总公司联合签署了战略合作条约。根据条约内容可知,两国共同建设中俄边境地区的铁路通道,提高对口岸基础设施的建设力度,提高铁路的运输能力与通行效率,逐渐扩大运输规模。两国在合作期间,也会对口岸工作进行优化处理,完善运输组织过程。拉祖莫夫斯卡亚(Razumovskaya)和奥尔加(Olga)称,受到全球能源供应的影响,再加上俄罗斯与西方国家的摩擦加剧,中俄外交关系也在彼时发生了变化,处于"权力转换"阶段,两国关系处于优势地位的是中国。2014年5月21日,两国签订了天然气购销合同,总额共计达到了4 000亿美元(折合成人民币大约为2.5万亿元),威廉(William)与阿比盖尔(Abigail)认为,该协议的签订,促使俄罗斯的天然气出口呈现多元化趋势,由于爆发了乌克兰危机,欧洲国家开始逐渐减少对俄罗斯的天然气进口。通过签订该协议,俄罗斯与邻国之间的经济关系也得到了缓解与改善,在东部开始了全新的发展历程,不再过于依赖欧洲国家。俄罗斯铁路股份公司总裁、"文明对话"世界公众论坛创始主席弗拉基米尔·亚库宁认为,跨欧亚发展带是全新的地缘经济、地缘政治和地缘文化概念。"发展带"概念,是由两个概念共同构成的,一个是"国家桥"概念,另一个是"运输走廊"概念。跨欧亚发展带涉及了多个领域,其中不仅包含了交通运输基础设施,而且也涵盖了能源、教育以及科技等众多领域,"发展带"将为包容性发展搭建平台,将为一体化发展创造条件,中俄铁路合作对于跨欧亚发展带的意义非常巨大。

在理论界,莫斯科大学科农科娃教授主要探讨了在中俄的合作关系中,俄罗斯积极响应"一带一路"的政策方针,并在远东地区颁布了一系列的政策规划,他所提出的观点为,自从乌克兰危机爆发之后,俄罗斯受到了西方国家的多重经济制裁,俄罗斯为了促进本国的发展,致力于与亚洲国家建立合作关系,从而缓解经济制裁对其所造成的冲击影响,不再对西方国家产生过度依赖。在这一背景下,俄罗斯充分发挥出了远东地区的作用,融入亚太经济一体化的发展进程中,积极促进本国的经济增长,旨在找到更多的突破口。所以,俄罗斯加强与东方国家的合作,无论是未来还是现在,均是重要的战略规划。俄罗斯学者尤金娜认为,国际石油市场的发展,受到了欧美经济制裁的影响,"一带一路"倡议的提出,为双方的合作创造了更多的有利条件。除此之外,两国友好关系的建立,也对"一带一路"的发展产生了积极影响。远东研究所日本研究中心基斯塔诺夫于 2015 年提出,受到欧盟经济危机的影响,同时自乌克兰危机爆发之后,俄罗斯为了促进本国经济发展,寻求更多的出路,逐渐开始与亚洲国家合作,而我国"一带一路"倡议的提出,正好与俄罗斯的发展规划契合,这不仅能够积极促进沿线国家的经济发展,也能够加强这些国家的基础设施建设。卡诗娜(Kashina)和娜杰日达(Nadezhda)认为中国东北的振兴计划和俄罗斯远东地区经济发展为这两个国家的边境地区勘探开辟了新的前景、新的机制,为外国投资者创造了优越条件,在发展地区投资合作当中将扮演重要的角色。

2.1.4 对中蒙俄经济走廊的认识

日本环日本海经济研究所(ERINA)结合时代的发展趋势,提出了"东北亚运输走廊构想",也出具了相关的文件条例,明确提出了应建设的 9 条运输通道,按照使用目的的不同,将其分成两种类型:第一种通道主要负责横跨亚欧大陆运输任务;第二种通道则是负责东北亚区域内运输任务。在东北亚地区,各国之间应加强合作,提高各个通道的应用效率,建设出完善的基础设施。事实上,通道是否畅通无阻,将会对东北亚地区的合作关系的好坏产生直接影响。打造畅通无阻的经济带与经济通道,是政策方针的重要内容;而物流的无缝对接,也是实现这一宏伟目标的基础依据,因此具有重要的现实意义。克鲁斯(Cruise)于 2012 年报道了中国示范性货物沿着欧亚走廊历时 15 天抵达了德国阿姆斯特丹港,指出这条路线与以前的印度洋的海上航线相比,节省了 10 000

千米的路程和一半以上的时间。并且比较了中国所规划的"新丝绸之路"与美国所倡导发展的"丝绸之路"的区别——中国绕开了不稳定的阿富汗地区。

在"中蒙俄智库国际论坛2018"年会上,蒙古国学者特木尔认为,中蒙俄经济走廊建设是三国共同的事业,需要三国通力合作,并且需要协调机构组织推进。特·道尔吉指出,蒙古国非常重视东部地区的发展,希望深度融合"海赤乔"次区域国际合作,然而蒙古国东部地区的运输问题极大地制约了三方的合作,蒙古国东部地区经济圈矿产资源的产业化、运输基础设施改善和旅游业的发展面临着商业、资金、技术、环保等问题,需中、蒙、俄通力合作加以解决。希·恩和巴雅尔认为,中蒙的自由贸易协定是中蒙俄经济走廊建设一个良好的开端,有利于中蒙俄项目落地实施。巴亚斯呼认为,为配合中蒙俄经济走廊的建设,可在蒙古国东部地区发展农业和旅游业,在中部地区加强公路、铁路的建设,在西部建立经济区。特木尔教授强调,要积极推进三方领导人达成的在基础设施建设合作机制方面的共识,落实相关项目。巴亚斯呼认为,经济走廊建设有利于推动蒙古国成为亚欧新的经贸中心,应着力实现蒙古和欧亚能源一体化。

俄罗斯学者维纳瓦·谢·弗认为,应以政治、能源、旅游的合作为突破口,解决三方合作中的资金、合作机制等问题。巴扎罗夫认为,中蒙俄三方需要深度对话,应大力加强中国同俄罗斯的陆上丝绸之路的经贸合作。维纳瓦·谢·弗强调,提高欧亚大陆的过境运输能力,面临着国家间政策对接、融资和信息交流等方面的问题,应进一步推动乌兰巴托铁路的现代化项目进程,提高蒙古铁路的效益。巴德热瓦认为,中蒙俄三国在基础设施建设领域,建设重要的交通走廊是重点。巴图门克瓦·斯认为,三国互联互通的基础设施建设具备良好的地理条件,应加强边境线的基础设施,简化通关手续。此外,蒙俄接壤处的基础设施建设在通信、供电、供水特别是道路交通方面存在困难,需要加强合作,直接投资是促使其发展的手段。波利斯夫提出,东北亚电力能源系统之间的合作与中蒙俄经济走廊建设有着密切的关系,应提上议事日程。

在对待"一带一路"和中蒙俄经济走廊的态度及形成认识方面,部分欧美国家的研究者带有一定的"冷战"思维,认为中国利用这一战略目标试图改变自己在国际事务和国际分工中的角色,建立世界新秩序,因此持有负面和否定的观点。而亚洲学者,特别是参与其中的蒙古国和俄罗斯学者对这一战略主要持支持和肯定的观点,并且很多看法与中国学者的不谋而合。说明随着"一带一路"倡议的推进,国际上对其的认识也在逐步深化,许多疑虑不攻自破。而随着人们对这一倡议初衷的深入了解,其向外铺开、推进的速度也势必加快。

2.1.5 基础设施效应研究

从理论上看,早在 20 世纪前叶,经济学家们就已经对基础设施建设与经济增长之间的关系进行了大量的理论探讨,杨(Young)、罗丹(Rodan)、赫希曼(Hirschman)等认为,基础设施是社会发展的先行资本,应该被优先发展。之后随着经济理论的不断发展,经济学家们在通过理论说明基础设施在经济发展中的作用的同时,还利用经济模型,推导了基础设施在经济发展中的作用。罗默(Romer)、卢卡斯(Lucas)、巴罗(Barro)等在内生增长模型的框架下,探讨了基础设施在经济增长中的作用,从理论上证明了基础设施对经济增长的正向的促进作用。博纳特(Boarnet)、赫尔滕(Hulten)等指出交通基础设施建设对经济增长具有正外部性效应。但施瓦布(Schwab)、道格拉斯(Douglas)等学者却认为交通基础设施对经济增长的正外部效应并不明显。

实践的研究方面,阿肖尔(Aschauer)、芒内尔(Munnell)将基础设施作为外生变量来分析其对产出、增长和生产率的影响,利用对美国的时间序列数据的分析考察了政府投资与生产率增长之间的关系,结论是交通等核心的基础设施对生产率的提高有着显著的促进作用,产出弹性为 0.4~0.6。但后来塔托姆(Tatom)采用与阿肖尔相同的数据,在进行了一阶差分后再进行回归,结果却是基础设施的产出弹性大幅降低。坎宁(Canning)等利用 57 个国家 1960—1990 年的面板数据估算了交通基础设施的产出弹性,结果显示,交通等核心基础设施的投资与非核心基础设施的投资相比,前者对经济增长的贡献作用更大。就国家间的比较来说,不同国家交通基础设施对经济增长的贡献的作用不同,高收入的国家或地区的交通基础设施产出弹性高于低收入的国家或地区。霍尔茨(Holtz)等通过空间计量方法对美国 1969—1986 年 48 个州的高速公路存量数据进行验证,得出高速公路资本存量并没有显著的空间溢出效应的结论。次普斯(Kamps)采用固定效应模型对 22 个 OECD 国家 1960—2001 年的面板数据进行一阶差分处理后进行回归,计算出交通基础设施投资对经济增长的产出弹性为 0.22,但是该弹性系数在统计上并不显著。布拉赫曼(Berechman)等通过研究 1990—2000 年美国州际交通运输投资的面板数据,发现高速公路投资增加与经济增长成正相关,但不同洲之间增长比率有显著差异。

虽然研究手段和方法在逐步发展,但现有的对基础设施效应研究的视野还比较狭窄——交通基础设施对经济增长的正外溢性研究比较充分,而基础设施的其他效应研究比较少,在经济走廊沿线展开研究的相关成果则更加少见。

2.2　国内文献综述

2.2.1　经济走廊的理论研究

陆大道参考了前人的研究成果,提出了"点—轴系统"理论,对经济空间各要素的作用机制与相关性进行了全面分析。他所提出的观点为,基于"点—轴系统"结构考虑(主要是不同要素获得高效配置的空间结构形态),交通干线产生的"轴线",是经济空间内各项经济要素进行扩散与集聚的重要渠道。在实际操作中,很多要素在进行扩散与聚集时,均是在不同的中心城市与居民点形成的"点"上进行操作的。随着经济空间功能的逐渐变化,受到诸多因素的影响,也产生了新经济地理格局,并体现为"点—轴—集聚区"的形式。所谓"集聚区",事实上就是对外作用力与规模更加庞大的"点"。在这一系统中,经济要素之间相互作用与联系,不但有利于自身发展,实现资源优化配置的目标,而且也会发展成为更"高阶"的经济空间,最后为国家或者区域的经济发展提供服务。"点—轴系统"理论形成之后,学界从两个方面作为切入点对其进行分析,即"点—轴系统"理论的实践应用与发展状况,不仅丰富了该理论的相关内容,也为该理论提供了更广阔的发展空间。陆玉麒于1998年提出了双核结构模式论。在实际生活中,发展轴并非是没有边界的,必须要具有起点与终点,而且端点城市的功能定位也是至关重要的,这将会对空间格局产生决定性影响。晏学峰、杨承训、张伦和刘宪法提出了一系列的轴线区域开发模式论,并且均是以"点—轴系统"理论为基础,经过不断发展而得出的,从实质上来看,均隶属于轴线式开发模式论的范围。魏后凯提出了网络开发模式论,该理论的提出,是基于"点—轴系统"理论,参考了增长极理论中的相关内容所提出的区域开发阶段论,具有一定的系统性。该理论提出:对于不同类型区域来说,由于所处的发展阶段不同,因此所采用的空间组织模式与区域开发形式也存在差异。如果是落后地区,可以采用增长极点开发模式进行操作;如果是发展中地区,可以采用"点—轴"开发模式进行操作;如果是较发达地区,那么建议采用网络开发模式进行操作。无论是哪一地区,在进行开发的过程中,均是以一些"点"作为切入点,之后沿着轴线在空间上进行拓展,同时各个"点"之间所产生的相互作用与经济关系,将会在空间上形成轴线,通过进行经纬交织之后,最后产生了相应的经济网络。

亚洲开发银行在1998年进行研究之后,对经济走廊进行了明确定义——

一种经济合作机制,在次区域范围内,将投资、生产以及贸易等结合为一体。国内对经济走廊的理解主要是依据这一概念。还有专家学者表示,经济走廊也是一种"经济带",相关产业以交通干线作为主轴,对周边地区的经济发展产生辐射影响。王磊等认为,针对跨境经济走廊而言,其指的是相邻地区或国家之间,以所设立的主轴为跨境交通干线,选择的腹地为次区域经济合作区,为了促进物流商贸发展、实现产业对接合作所产生的带状空间地域综合体。除此之外,卢光盛等通过一系列的研究,也对跨境经济走廊进行了合理界定,对经济走廊建设的理论溯源、形成机理以及功能演化进行了学理分析。

2.2.2 对经济走廊的实践研究

2.2.2.1 对大湄公河次区域(GMS)经济走廊的研究

贺圣达等在对经济走廊进行研究时,主要以南北经济走廊为基础,重点探讨了"昆明—河内—海防"经济走廊,并对此展开了深入的研究与分析,在此过程中,重点阐释了走廊建设的意义、背景以及目标规划等,从某种程度来看,对于我国的南北走廊建设具有一定的借鉴意义。刘稚主要探究了大湄公河次区域合作中经济走廊建设的实际情况,也从多个层面进行分析,并提出了重要的指导意见。

王谷成则是以湄公河经济走廊功能的发展机制作为切入点,展开了一系列的研究,他认为,若想促进经济走廊功能的不断完善,必须要构建出科学合理的服务导向、需求导向以及增值性跨境协同等机制。洪昆辉在对大湄公河次区域经济走廊进行研究的过程中,主要总结了三条经济走廊建设的意义与背景,分析了经济走廊建设对我国经济发展所具有的战略意义。刘稚指出,在当前的发展形势下,经济走廊建设将会成为重大的转折点,将会对大湄公河次区域合作产生促进作用,与此同时,也为中国的经济发展创造了有利条件,有助于实现与东盟国家的经贸合作,将会具有不可忽略的现实意义。

2.2.2.2 对孟中印缅(BCIM)经济走廊的研究

车志敏等结合孟中印缅经济合作的发展现状考虑,从以下几个方面为切入点,即综合性、战略性、通道性、前景性以及发展机制等,重点探讨了孟中印缅经济合作的发展趋势,也勾勒出了美好的发展蓝图。陈继东结合四国经济合作的实际情况,围绕发展机会、商品结构以及发展现状等多个方面,进行了全面分析,认为应当积极促进各国之间的贸易合作。李靖宇等提出,孟印缅为我国开拓太平洋与印度洋的出海通道及能源安全提供充足的保障,因此具有重要的战略意义。陈利君提出,四国在合作的过程中,应形成一个整体,不再延续之前的"冷战"思想,在能源合作方面应致力于取得更多突破,旨在使自身的能源短缺问题得到实质性解决。陈继东等结合四国的发展现状进行分析得出,现阶段,四国之间均面临能源短缺的问题。基于此,可以增进各国之间的能源合作,推动能源经济的发展。彭靖里等提出,在国际能源市场上,四国并不具有强大的话语权,面对这一现状,四国应构建出有效的能源合作机制,促使自身的利益得到充分保障。毋庸置疑,这也是未来发展的大势所趋。尹继武在进行研究时,基于本国的能源安全,重点介绍了四国加强能源合作所具有的战略意义与社会价值。卢光盛提出,受到多种因素的制约,包括自然条件、国家关系以及经济文化等,四国在开展区域合作期间,也将会面临许多的困难与挑战。任佳提出,四国在推行地区经济合作时,必须要具备完善的合作机制,并使其起到强大的推动作用。张力等在进行研究时,主要阐述了孟中印缅合作机制的实际情况,认为这一合作机制也在发生重大变化——逐渐开始转变为政府主导"一轨"合作机制。杨思灵等认为孟中印缅经济走廊的建设不仅符合中国对外战略的需要,也符合印度对外开放及其实施东向政策的需要,同时还符合孟加拉国及缅甸的经济社会发展需要。但囿于孟中印缅次区域的复杂情势,尤其是一些国家的政治局势、社会安全等发展存在一定的不确定性,从某种意义上讲,这可能会制约孟中印缅经济走廊的建设与发展。

2.2.2.3　对中巴经济走廊的研究

陈利君指出建设中巴经济走廊已引起中巴高层的高度关注,该提议首次被写入了双方发表的正式文件中,这为中巴合作提供了新机遇。大力推进中巴经济走廊建设对于深化中巴经贸合作、维护能源安全、促进共同发展具有十分重要的战略意义。现阶段,需要解决的问题仍有很多,两国之间必须要加快建设进程,在中巴合作关系中,取得更多的突破成就。张超哲认为,在我国的"向西开放"政策中,巴基斯坦是十分重要的支点,在巴基斯坦国内,更是将中国当作实现"亚洲之虎梦"的推动力。在这一背景形势之下,受到诸多因素的影响,中巴经济走廊建设上升为国家战略,被提上双边议程。该项目工程浩大,既有机遇也有挑战,意义非凡,将成为中巴打造命运共同体的关键,值得深度研究并加快推进。牛彪认为中巴经济走廊的建设,将会为我国的能源安全提供更多保障,与此同时,也可以促进与周边国家的经济贸易合作,通过对中巴经济走廊进行分析后发现,不仅是产品,甚至原材料的进出口通道都是促进我国经济发展的重要驱动力,能为边境地区的经济发展创造有利条件,实现各民族的繁荣团结。高志刚等在分析中国与巴基斯坦贸易现状的基础上,主要选择了2008—2013年中国与15个贸易伙伴国相关变量的面板数据,建立时变随机前沿引力模型,选择应用Frontier4.1软件,以出口贸易与双边贸易两个层面为出发点,对中巴贸易效率进行分析,从而得出中巴贸易的发展潜力。研究结果显示:这一期间两国双边贸易效率值在0.3~0.5之间,中对巴的出口效率值超过了0.9,因此相比于出口效率来说,双边贸易效率较低,潜力较大。在今后的发展中,我国将会成为巴基斯坦的主要出口国,基于此,我国的顺差地位也会呈现出相应的变化。

虽然这些研究接触到的理论层面很少,但仍能为中蒙俄经济走廊的研究提供借鉴。

2.2.3　对中蒙、中俄经贸关系的研究

2.2.3.1　对中蒙经贸关系的认识和研究

张利军研究了20世纪90年代的中蒙经贸关系,认为1991—1992年,中蒙两国经过长时间的努力,形成了密切的经贸合作关系,贸易额呈现逐年递增趋势。1993—1994年,受到蒙古国政策调整的影响,两国的贸易额逐渐下滑。直至1995年之后,中蒙贸易开始出现转机,双方合作潜力巨大,中蒙经贸合作的前景是十分广阔的。王连忠、邱济洲等分析了中蒙经贸合作的前景,认为两国经贸发展前景会越来越好。希日莫从回顾中蒙经贸关系入手分析了蒙古国经济与对外贸易体制转轨和产业调整以及对外经贸战略等内容,预测了蒙古国经济政策不会有大的变动,中蒙贸易在短时间内不会有较高速度的增长。恩和认为中国对蒙古国投资结构不合理,两国贸易集中在以中国的内蒙古和新疆为主的边远地区,而中国边远地区有限的经济发展会影响两国贸易的发展。与俄罗斯相比,中国对蒙古国经济的影响有限。敖仁其分析了中蒙企业行为,他认为外贸企业对两国贸易发展具有很好的推动作用,政府应改善企业外部环境,完善内部机制,增强外贸企业竞争力。张广翠、曹海波、娜琳、方华等学者认为,中蒙经贸关系处于历史最好时期,合作前景良好,尤其在矿产领域的合作空间非常大,两国在东北亚区域合作框架下的合作会积极推动中蒙经济贸易的进一步稳定发展。保健云分析了中蒙国际贸易依存度,认为随着中蒙贸易的发展,蒙古国贸易对中国市场的依赖度逐渐提高,在中国的进出口贸易中,蒙古国所占比重具有十分明显的波动性,因此,在中蒙贸易关系中,中国的邻国效应也具有

显著变化。李慧、方华在进行研究时,主要对中蒙经贸关系进行了深入分析,研究结果显示,我国对中蒙经贸关系给予了高度重视,最近几年以来,中蒙经贸关系也呈现高速发展趋势,对于蒙古国来说,中国不仅是第一大投资国,而且也是第一大贸易国,两国之间形成的经贸合作关系也越来越密切,这不仅缘于双方良好的政治关系,而且缘于双方在经济结构方面具有一定的互补性。张士鑫认为中国"与邻为善、与邻为伴"的周边外交方针促进了中蒙贸易的发展,但中蒙口岸建设的相对落后及中国对蒙投资结构的不合理因素可能会影响我国对蒙贸易的发展。任雪娇研究了中蒙经贸合作中的蒙方因素,用计量经济学方法分析蒙古国经济增长与中蒙经贸合作关系,认为蒙古国经济形势日趋稳定,经济发展环境不断改善,这会使中蒙经贸关系迅速发展。塞纳等和张秀杰研究中蒙旅游合作及发展策略,分析中蒙旅游业的合作前景,提出发展旅游业的策略,认为两国积极推进旅游业发展可能成为中蒙贸易发展的新动力。许海清提出中国已连续11年保持蒙古国最大贸易伙伴国地位。中蒙经贸合作关系近年来持续升温,但两国在合作中存在着各自的利益诉求和障碍因素,蒙古国对矿业法律政策的不断调整提高了本国政府对矿产资源的控制力,使投资的中国企业遭受了严重的损失。同时,俄罗斯、美国、日本等国加快了与蒙古国合作的步伐,这些复杂的国际关系会影响中蒙之间的经贸合作关系。杨文兰认为蒙古国经济发展的一些主要指标下滑,未来三年形势不容乐观,对外贸易增长乏力,中蒙之间缺乏信任,运输通道不便,物流不畅,合作模式单一,经贸关系面临现实障碍。她提出应借助中蒙草原丝绸之路经济带建设的契机,加强交通基础设施建设,创新合作模式。

2.2.3.2　对中俄经贸关系的认识和研究

邢广程认为中俄两国经济贸易关系滞后于两国的政治关系,主要由于过去中苏两国在经济方面就具有"同构性",所以,两国之间的经济存在着"不补性"。孙晓郁主要分析了中俄边境贸易、中俄区域经济合作及存在的问题,并比较了两国经贸合作领域的问题,与实际情况相结合,提出了具有针对性的解决方案。他认为,要想解决中俄经贸合作存在的具体问题,需要两国加强政府层面的合作。李钢等认为未来中俄双边贸易特点是:以规范化自由贸易为主导,形成以大中型企业为主、大中小企业并存的贸易主体格局及中方出口劳动密集型、俄方出口资源密集型的商品结构。中俄双边层次上须解决的问题是贸易秩序、贸易服务体系和贸易逆差问题。叶菁菁经研究后发现,中俄两国的优势产品并不相同,两国的贸易合作具有极强的互补性,中俄经济的快速增长,必定会促进双边贸易的发展,而且也具有巨大的发展空间。宋志刚等认为,在初级产品生产方面,俄罗斯的优势比较明显,而我国的优势则体现在劳动密集型产品生产方面,两国之间的贸易合作具有良好的互补性,在初级产品上得到了充分体现。丁振辉在研究的过程中,以显示性比较优势指数(RCA)为基础,得出了中国在食品、矿产品以及农产品等方面的比较优势逐渐下滑,而在钢铁产品以及工业制品等方面的比较优势则有所增长。在燃料、工业制品与矿产品领域,俄罗斯的比较优势也开始下降,由此一来,俄罗斯的外贸出口正在逐渐摆脱对大宗原料产品的依赖,比如铁矿石以及石油等。杨希燕等对中俄贸易的分析,则是基于贸易结合度(TCD)指数实现的,根据得出的研究结果表明:在最近几年以来,即使两国 TCD 指数有所下降,但却始终大于1,与其他国家进行横向对比后可以发现,其仍然隶属于高贸易结合度的范围。因此,现阶段,中俄贸易呈现良好的增长趋势,中俄贸易合作关系也越来越密切。陆南泉主要从中俄两国关系大格局分析双边经贸关系,指出中俄两国合作应重点放在科技、交通和能源领域。王殿华从地理学、经济学和社会文化等角度,探讨了中俄经贸合作中的障碍,指出了在经济全球化背景下中俄经贸关系的未来走向及重构中俄经贸合作关系的战略思路。桑百川等认为中俄两国之间的相互投资额规模相对比较小,目前正处于初级成长时期,还有许多可探索的空间。同时美欧国家经济制裁也为中俄经贸发展创造了许多条件。

2.2.4　对中蒙俄经济走廊建设的研究

2.2.4.1　对中蒙俄经济走廊的发展思路的研究

截止到 2020 年 2 月底,通过中国知网总库搜索"中蒙俄经济走廊"关键词,得到文献总数为 506 篇,文献分布的总体趋势如图 2 - 1 所示:从 2013 年开始有相应文章的发表,之后呈现快速增长的趋势,在 2017 年到达一个高点,之后有所下降,2019 年该主题研究再次升温,据知网预测,2020 年的发表数量将会达到一个新的高点。文献涉及的关键词有 33 个(图 2 - 2)。具代表性的观点有王淑敏等提出加快中蒙俄自贸区的建设并签订过境运输协议,完善三国过境基础设施的建设,充分发挥内蒙古口岸的作用,促进中蒙俄通关便利化;高国清等认为,中蒙俄经济走廊基础设施建设应引入公共私营合作(PPP)模式;邢广程提出应立足于中国、蒙古、俄罗斯和哈萨克斯坦四国区域合作发展战略,打造"中蒙俄哈阿尔泰区域经济合作带";张秀杰提出,应致力于建设"中蒙俄经济走廊",在东北亚地区的发展中,这不仅可以形成全新的发展区域,达到三国经济一体化的目标,而且也会对东北亚经济合作产生一定的促进作用。毛泽等、李寅权、张江河认为省区间的区域协作特别重要,提出了东北区域协同发展的总体思路;内蒙古自治区发展研究中心课题组认为推进跨境基础设施互联互通可以进一步释放中蒙俄合作潜力;杜凤莲等认为经济互补性是建设中蒙俄经济走廊的基础;李新等提出中俄蒙经济走廊是中国"丝绸之路经济带"、俄罗斯"跨欧亚发展带"和蒙古国"草原之路"的相互对接,有利于推动东北亚区域经济合作;王厚双等比较了中蒙俄建设中蒙俄经济走廊中的不同战略价值取向,提出了建设中可能遇到的一系列问题,并给出了相应的对策建议;杨臣华提出了中蒙俄经济走廊能够更好地发挥各国优势以及全面构建经贸合作区、打造对外开放升级版等六大机遇;李勇慧认为建造经济走廊可以使我国的经济结构得到有效调整,积极促进经济转型升级,富余产能也能够得以化解,在制定的初期规划中,应基于当前的发展现状,采用循序渐进的方式,综合多个方面考虑问题,对风险因素进行合理规避。张海涛通过实证研究发现,中蒙俄经济走廊沿线地级市耦合协调度水平较高,而且较为均衡,领先于其他经济走廊所涉城市。施曼等认为我国应在电力和电子信息产业以及林业方面加强与俄蒙两国的合作。周利光提出了采取积极争取中央政策、税收资金支持、利用国际金融组织贷款以及积极发挥地方债券作用等方式推进中蒙俄经济走廊建设的财政政策建议。

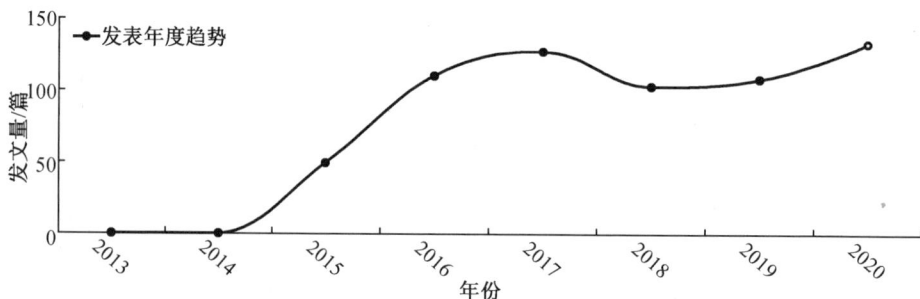

图 2-1 "中蒙俄经济走廊"研究总体趋势分析

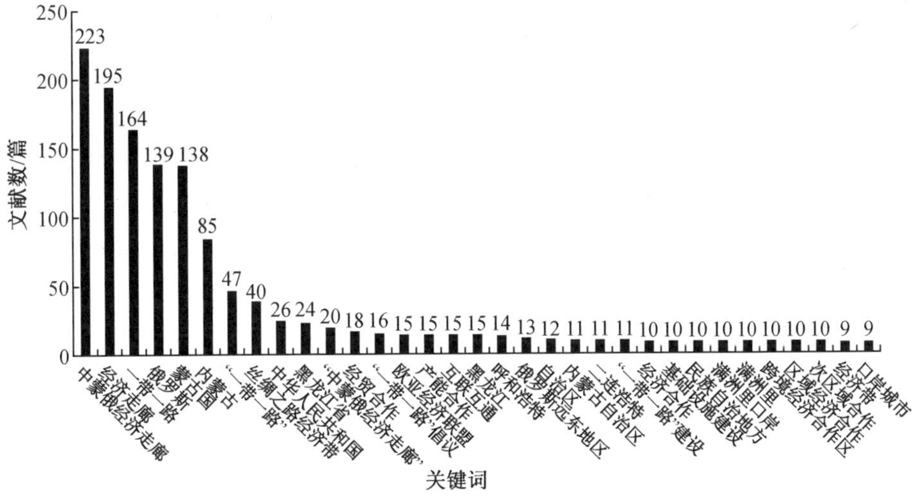

图 2-2 "中蒙俄经济走廊"研究主题分布

2.2.4.2　对中俄蒙经济走廊线路规划的研究

在经济走廊线路规划方面,学界还没有完全形成统一的意见。对中蒙俄经济走廊线路的规划,笔者经过梳理现有的文献共找到东西 5 条线路和南北 6 条线路。东西走向的线路分别是:俄罗斯赤塔—中国满洲里—哈尔滨—绥芬河—俄罗斯符拉迪沃斯托克(李新);大连—营口—锦州—赤峰和辽宁沿海经济带及长春—吉林—图们江(毛泽、朱军、董思彤、曾兆勇、耿殿贺);呼和浩特—乌兰巴托—莫斯科(杜凤莲、张慧敏、赵鹏迪);蒙古国乌兰巴托—乔巴山—霍特—中国阿尔山—白城—长春—珲春—俄罗斯扎鲁比诺港(李新)。南北走向的线路分别是:漠河—大庆—白城—通辽—锦州和佳木斯—绥芬河—通化—丹东以及丹东—沈阳—通辽(毛泽、朱军、董思彤、曾兆勇、耿殿贺);中国华北京津冀—呼和浩特—二连浩特—乌兰巴托—俄罗斯远东铁路网及大连—沈阳—长春—哈尔滨—满洲里和俄罗斯的赤塔(李新、毛泽、朱军、董思彤、曾兆勇、耿殿贺);新建一条乔巴山—霍特—毕其格图(蒙中边界蒙方口岸)的蒙古国新铁路并基于此将蒙古国铁路在毕其格图和珠恩嘎达布其(中蒙边界中方口岸)与中国境内的巴珠铁路(巴彦乌拉—珠恩嘎达布其)、巴新铁路(巴彦乌拉—阜新新邱)、阜盘铁路(阜新—盘锦港)相连后出海(毕德利)。另外,东三省和内蒙古也有各自的发展线路规划。如阮晓东提出,从总体上来看,黑龙江陆海丝绸之路经济带呈现为东西走向,自黄渤海、东南亚沿海或俄罗斯远东港口,经大哈佳同、绥满、哈黑、沿边铁路四条干线抵达边境口岸,在出境之后,与俄罗斯横跨欧亚的西伯利亚、贝阿铁路相连,向西到达欧洲国家。同时辽宁正加快建设"辽蒙欧"综合运输通道,以锦州、丹东为起点,经蒙古乔巴山到欧洲,积极打造以大连、营口、丹东、锦州、盘锦和葫芦岛港为节点,跨境物流为主的中蒙俄经济走廊。内蒙古正在以满洲里、二连浩特、策克、甘其毛都、珠恩嘎达布其、满都拉和黑山头等口岸为基础打造中蒙俄经济走廊上的能源资源重要通道和与俄蒙经贸合作的重要平台。内蒙古自治区发展研究中心课题组提出,应充分体现出满洲里—赤塔、二连浩特—乌兰巴托—乌兰乌德、京包—包兰—兰新、临河—策克和策克—哈密以及纵向二连浩特—乌兰巴托,横向达兰扎德嘎德—乔巴山等铁路网的优势,以满洲里、二连浩特、呼和浩特、策克及甘其毛都、珠恩嘎达布其、黑山头、额布都格等口岸作为节点,完成与蒙、俄的对接。这些研究大都是站在各自地区利益角度考虑的,有些线路因为需要与蒙古和俄罗斯达成共识而迟迟不能落实。

2.2.5　基础设施效应研究

范九利等通过本国总产出、基础设施、非基础设施和劳动等时间序列数据,估计了基础设施资本直接和间接效应,以及综合拉动经济增长的情况,测度了基础设施对我国经济增长的替代弹性。刘生龙等通过收集 1988—2007 年本国各省份的相关面板数据,验证了交通基础设施和信息基础设施建设对我国的经济增长有着显著的溢出效应,而能源基础设施对我国经济增长没有显著的溢出效应。张学良结合中国 1993—2009 年的省级面板数据,运用空间计量经济学方法,计算出中国交通基础设施对区域经济增长的产出弹性值为 0.05 ~ 0.07,交通基础设施对区域经济增长具有非常显著的空间溢出效应,外地交通基础设施对本地经济增长的空间溢出主要表现为正效应。张志等通过实证研究发现,中国交通基础设施的空间溢出效应主要通过经济联系发生作用,其对第二产业的空间溢出效应大于第三产业,基于产业结构的空间溢出效应大于基于市场规模的空间溢出效应。此外,铁路溢出效应边际报酬递增,而公路溢出效应边际报酬递减。张光南等采用中国各省工业企业面板数据,对中国基础设施空间溢出的成本效应及其行业溢出进行实证分析发现,空间溢出导致基础设施对制造业产生的成本效应比本地基础设施的成本效应还要大,且东部成本弹性比中西部要高。基础设施地区分布不平衡降低了其网络效应,同时制造业的集聚程度也决定了基础设施空间溢出的成本效应。宋英杰基于新经济地理理论框架,运用线性自由企业家模型,对交通基础设施经济集聚效应的长期均衡进行分析,求出解析解,并对交通基础设施的经济集聚效应进行理论研究。李婵娟的实证分析不仅验证了公共基础设施投资在省际存在的溢出效应,而且分析出多数地区的经济活动受到本地和域外公共基础设施投资的挤入,私人投资、就业和产出的域外公共基础设施投资溢出效应的作用远远小于本地公共基础设施投资的溢出效应,并测算了公共基础设施投资效应的区域分布,发现公共基础设施投资效应区间分布存在很大的不均衡。刘生龙等、胡艳等分别利用中国省级面板数据进行实证研究,发现相邻省份的交通基础设施改善对本地的经济增长产生积极影响,但对本地经济增长的影响远大于对相邻省份的影响,其中公路基础设施的本地效应更加明显,而铁路基础设施的跨区域效应更加显著。尹希果等实证分析了我国2000—2011年省际城市化、交通基础设施对制造业集聚产生的空间效应,并讨论二者与制造业集聚的非线性关系,发现存在显著的空间效应:城市化与制造业集聚之间成倒N型关系;交通基础设施与制造业集聚之间成N型关系;对外开放度、银行业集中度、信息化对制造业集聚均具有显著作用;在我国制造业集聚具有显著空间依赖性与空间溢出效应。刘晓光等对基础设施的城乡收入分配效应进行研究,探讨了基础设施能够缩小城乡收入差距的原因和机制,并研究发现,交通和通信基础设施均可以通过改善收入分配来缩小城乡收入差距,同时基础设施能够加速农业劳动力向非农部门转移,从而提高农业劳动生产率和农民收入,缩小城乡收入差距。梁双陆等应用动态面板模型和空间面板模型对交通基础设施的区域产业创新效应进行研究发现:交通基础设施具有显著的本地和跨区域的产业创新效应,并且具有明显的区域差异性,应加强对西部地区的交通基础设施的投资,以提升产业创新水平。

国内对基础设施效应的研究主要围绕着基础设施的增长效应和外溢效应展开,通过计算增长替代弹性判断基础设施对经济增长的贡献,利用计量模型研究外溢性的大小。其中,交通基础设施是学者研究的重点,通过分类、比较的方式得出了一些有益的结论。也有部分研究是针对基础设施产生的产业和创新影响,属于基础设施空间效应的范畴。目前的研究对基础设施产出效应和开放效应提及的不多,有关空间效应的研究也不尽全面,结合经济走廊基础设施建设的效应研究就更少,这为本文留下了一定的研究空间。

第3章 经济走廊基础设施建设效应的相关理论分析

3.1 经济走廊的相关概念

3.1.1 经济走廊

据《新中国 60 年新词新语词典》的解释,经济走廊是指经济实体集中的、互有联系的、甚至包含相关城市的地带,也叫"经济带"。涉及地跨两个以上国家的经济走廊,即为跨境经济走廊。跨境经济走廊可以巧妙地避开国与国之间的政治障碍,从而推动相关国家间的务实合作。经济走廊从地理特征上表现为一种"狭长地带",其经济功能是沟通国与国之间、地区与地区之间的经贸往来,是在实现地区经济一体化之前的政策手段,在实现其经济功能的基础上逐步实现政治功能。

2015 年,国务院委托商务部、外交部、国家发展改革委员会联合印发的"一带一路"倡议纲领性文件《推动共建丝绸之路经济带和 21 世纪海上丝绸之路的愿景与行动》,明确了我国六大经济走廊的地位。六大经济走廊分别是:中蒙俄经济走廊、中国—中亚—西亚经济走廊、孟中缅印经济走廊、中巴经济走廊、中国—中南半岛经济走廊和亚欧大陆桥经济走廊。

经济走廊建设着重于互联互通的基础设施,旨在提供安全、畅通、高效的运输大通道。跨境经济走廊可以促进商品和资源在国家间的有序流动,发现和拓展新市场,并发挥区域间优化资源配置的作用。国与国之间秉承着互助、合作、包容的态度,致力于区域间的平衡发展。通过拉动跨境投资和消费需求,为沿线国家的居民提供更多的就业机会,为各国的经济发展助力。跨境经济走廊还有利于各国探索全球治理的新模式,本着共商、共建、共享的原则,寻求各国发展战略的对接。中国是"一带一路"经济走廊的倡导者,但却不谋求主导权,不寻求势力范围。经济走廊是中国进一步深化经济体制改革、强化国家治理所引入的外部监督力量,通过这一机制提升治理效率,是中国对外开放的"新常态"。

3.1.2　中蒙俄经济走廊

中蒙俄经济走廊是贯穿中国、蒙古国和俄罗斯的地理大通道,是连通亚洲和欧洲之间的桥梁,通过铁路、公路、水路、航空、石油和燃气管道、电线电缆以及网络通信,打造全方位、多层次、立体化、复合型的开放格局。中蒙俄经济走廊不仅是一条交通走廊,更承载着贸易便利化、贸易结构升级和贸易方式创新;承载着投资合作的拓展和相关国家的工业化进程;承载着金融领域的合作和本币结算的探索,融资渠道的畅通和互帮互助的团结;承载着能源油气的输送,资源矿产的生产、加工、流通;承载着加强沟通、互惠互利精神的宣扬;承载着三国间人文交流合作和联手保护生态环境的努力。

中蒙俄经济走廊的连通依赖于沿线所在地区的发展条件和基础设施,并有所侧重。利用我国内蒙古与蒙古国和俄罗斯相邻的区位优势和关境便利,以及黑龙江与俄罗斯互相连接的铁路干线与铁路网作为中蒙俄经济走廊的前沿,发展辽宁、吉林、黑龙江与俄罗斯远东地区的陆海联运,以及北京—莫斯科的高速交通走廊。

中蒙俄经济走廊是一条由亚洲通往欧洲的新通道,从大的线路上来讲,主要分为两条通道:一条经华北京津冀由内蒙古的呼和浩特到蒙古国、俄罗斯;另一条是东北通道,经大连、沈阳、长春、哈尔滨再到满洲里和俄罗斯的赤塔。与新欧亚大陆桥相比,中蒙俄经济走廊经过国家少、通关成本低、运输时间短,从而降低了运输费用。它是打破"东、中、西"板块思维的战略,对东北经济发展具有重要意义,为中国向北开放提供了一个窗口,以开放倒逼改革,为东北地区长期经济发展注入新的活力。在国内,中蒙俄经济走廊把东北地区最重要和最繁荣的四个城市及三条经济带贯穿在一起,使沈大城市群、长吉图经济带与哈大齐工业走廊产生了互动连接,并利用京津冀与东北相邻的地缘关系,将京津冀协同发展的效应传递扩散到东北地区,助力东北地区振兴。

3.2　基础设施建设空间效应的理论分析

基础设施建设的空间效应是指政府的基础设施政策所带来的产业和投资在空间分布上的变化,该效应的理论分析利用了空间经济学模型进行解构。空间经济学是近年来兴起的一门学科,是用来解释产业的空间分布与经济增长关系的一系列理论。它发源于 20 世纪 90 年代,在 20 多年的发展历史当中,产生了很多模型,这些模型主要是在克鲁格曼模型(CP 模型)的基础上,以迪克西特

–斯蒂格里茨模型（D–S 模型）的垄断竞争一般均衡理论为分析框架发展起来的,它通过扩充生产要素、改变生产函数或者效用函数的形式、变换假设条件等方式产生了更广泛的作用,对现实的解释力也更强了。

Local Spillovers Model(简称 LS 模型)是空间经济学当中一个本地溢出的模型,对资本形成的成本进行了改进,将知识资本引入模型,使其成为内生增长模型,从而突破了资本收益率递减的限制,并对创新源不会被轻易取代的原因做出了有力的解释。也正是基于知识资本的假设,该模型对产业集聚的条件进行了分析,揭示了资本空间分布、经济增长率与基础设施政策之间的关系,是本书进行中蒙俄经济走廊基础设施空间效应进行分析的理论基础。

3.2.1 本地溢出模型

在全域溢出模型(GS 模型)的基础上,LS 模型考虑了公共知识传播随距离增加而衰减的情况,使知识资本有了本地化的特征,从而被称为本地溢出模型。

3.2.1.1 本地溢出模型假设

假设存在两个区域:北部为发达地区,南部为落后地区,资本所处的位置决定了区域的研发成本。每增加一单位资本所耗费的成本即边际成本为 F。LS 模型中的资本专指知识资本,I 来表示创造这项资本的部门。劳动投入目的是生产知识资本,K 来表示单位资本,K^w 表示世界资本存量一单位 K 的生产需要 a_I 单位的劳动,w_L 来表示工资率,不加星号变量为北部区变量,加星号变量为南部区变量,北部的 LS 模型的相关表达式为

$$F = w_L a_I$$

$$a_I = \frac{1}{K^w A} \tag{3.1}$$

$$A = s_K + \lambda(1 - s_K)$$

南部的 LS 模型的相关表达式为

$$F^* = w_L a_I^*$$

$$a_I^* = \frac{1}{K^w A^*} \tag{3.2}$$

$$A^* = \lambda s_K + 1 - s_K$$

其中,s_n、s_n^*、s_K、s_K^* 分别表示北部和南部区企业数量和私人知识资本占据的份额。$\lambda \in [0,1]$ 表示公共知识的空间传播自由度,λ 值的大小与区外知识传播到本区域的容易程度正相关:λ 越大,外区知识传播到本地受到的阻碍越小,传播

越容易,A 的值也就越大,F 就越小;λ 越小,外区知识传播到本地受到的阻碍越大,传播越困难,A 的值也就越小,F 就越大。$\lambda = 1$ 时,公共知识资本得以无阻碍地传播;$\lambda = 0$ 时,公共知识资本无法传播到区域以外(知识向外传播成本极高,被限制在本地区);当 $0 < \lambda < 1$ 时,$1 - \lambda$ 是公共知识在向其他区域传播时耗损的部分。区域内也存在私人知识资本,假设其在区域间不能流动,而只用于新企业的创建和新产品的发明,一单位资本只能生产一种差异化的产品,所以企业数量与私人知识资本数量相等。根据该假设,$s_n = s_K$、$s_n^* = s_K^*$.

3.2.1.2 本地溢出模型的短期均衡

处于短期均衡的状态时,由于明确了区域资本存量,市场完全出清,所以企业与消费者实现了共赢,效益最大化的目标得以完成。在短期内,区域资本存量 K 不会发生变化。

因为工业品在本地销售无成本,所以其价格被单位化为 1,而两区域的运输成本体现出冰山成本的特征为 τ,意味着有 τ 单位的商品由北部运送到南部时,到达南部后商品价格为 τ。因此,本地生产本地销售的工业品价格为 1,本地生产异地销售的工业品价格为 τ。单位劳动生产单位农产品,并以单位农产品的价格计价,农产品的本地交易和异地交易均无成本。北部与南部工业品价格 P 及 P^* 和农业品价格 P_A 可以表示为

$$
\begin{aligned}
p &= 1 \\
p^* &= \tau \\
p_A &= p^* = w_L = w_L^* = 1 \\
s_n &= s_K
\end{aligned}
\tag{3.3}
$$

E^w 表示世界支出水平,S_E 和 S_E^* 分别表示北部和南部的支出份额。π 和 π^* 分别表示北部和南部的利润,μ 表示在总支出额中工业品的支出份额。北部和南部区域的营业利润或资本收益为

$$
\pi = bB\frac{E^w}{K^w}
$$

$$
\pi^* = bB^*\frac{E^w}{K^w}
$$

$$
b \equiv \frac{\mu}{\sigma}
$$

$$
B \equiv \frac{s_E}{\Delta} + \varphi\frac{s_E^*}{\Delta^*}
$$

$$B^* \equiv \varphi \frac{s_E}{\Delta} + \frac{s_E{}^*}{\Delta^*} \tag{3.4}$$

$$\Delta \equiv s_n + \varphi(1 - s_n)$$

$$\Delta^* \equiv \varphi s_n + 1 - s_n$$

$$\varphi = \tau^{1-\sigma}$$

其中,s_E 和 $s_E{}^*$ 分别是北部和南部支出占总支出的比例。

从整体经济考虑,此时资本成本记作 $\bar{a}_I$,北部与南部资本存量的增长率表示为 g 和 g^*,劳动收入表示为 L^w,资本折旧率表示为 δ。经济的总支出可以写成

$$E^w = L^w + bE^w - (g + \delta)K^w \bar{a}_I$$

北部经济支出为

$$E = s_L L^w + s_K bE^w - (g + \delta)Ka_I$$

南部经济支出为

$$E^* = (1 - s_L)L^w + s_K bB^* E^w - (g + \delta)K^* a_I{}^*$$

以上两式相加,得

$$E^w = L^w + bE^w - (g + \delta)(Ka_I + K^* a_I{}^*)$$

$$= L^w + bE^w - (g + \delta)\left[\frac{s_K}{s_K + \lambda(1 - s_K)} + \frac{1 - s_K}{\lambda s_K + (1 - s_K)}\right]$$

因此

$$E^w = \frac{L^w - (g + \delta)\left[\dfrac{s_K}{s_K + \lambda(1 - s_K)} + \dfrac{1 - s_K}{\lambda s_K + (1 - s_K)}\right]}{1 - b} \tag{3.5}$$

相对市场规模为

$$s_E = \frac{\dfrac{s_K b \varphi}{\Delta^*} + (1 - b)\dfrac{s_L L^w - \dfrac{(g + \delta)s_K}{A}}{L^w - (g + \delta)\left(\dfrac{s_K}{A} + \dfrac{1 - s_K}{A^*}\right)}}{1 - s_K b\left(\dfrac{1}{\Delta} - \varphi\dfrac{1}{\Delta^*}\right)} \tag{3.6}$$

对于跨期支出,必须考虑各期最优支出的分配问题,可以用欧拉公式表示最优跨期支出问题。延期消费的边际成本 MC 表示为贴现率 ρ,因为 ρ 越大,相对于现期消费,家庭对未来消费的估价越低。该期边际效用的减少率为 $\dot{E}/E$。MR 表示为持有证券获取的利率 r。因为 $MC = MR$,可以得出 $\dot{E}/E + \rho = r$,欧拉

公式如下所示:

$$\dot{E}/E = r - \rho$$

其中

$$\dot{E} = \frac{dE}{dt}, \frac{\dot{E}}{E} = \frac{dE}{Edt} = \frac{d\ln E}{dt} \tag{3.7}$$

3.2.1.3 本地溢出模型的长期均衡

在两个区域长期利用资本的折旧与生产,促使相对资本份额与区域资本存量发生改变(任何一个区域资本存量的增减),直至每单位资本的回报率与创造新资本的成本相等。在此过程中,经济系统也处于长期均衡的状态,以下几项指标均不会发生变化,包括世界总支出水平 E^w、世界资本存量 K^w 的增长率、支出份额 s_E,以及北部资本存量份额 s_K。

除此之外,在 LS 模型中所存在的长期均衡仅为两种:第一种是内部均衡($0 < s_K < 1$),在两个区域内产生一致的创新增长率,也就是 $g = g^*$;第二种则是核心—边缘结构均衡($s_K = 0$ 或 $s_K = 1$),在此过程中,一个区域占据全球的资本,这也是可以创造新资本的唯一区域。资本份额 s_K 长期受到以下因素的影响,分别是北部与南部资本存量的增长率,表示为 g 和 g^*。可以得到 s_K 随时间变化的恒等式:

$$\dot{s}_K \equiv (g - g^*) s_K (1 - s_K) \tag{3.8}$$

结合长期均衡的相关规定可以得出,产业的空间分布具有一定的稳定性。结合式(3.8)可知,在 $g = g^*$、$s_K = 0$ 或 $s_K = 1$ 时,才会产生这种稳定。

LS 模型的长期均衡有两大特征:

1. 对称均衡下的经济增长

首先,应对对称的内部均衡进行分析,其中 $s_K = 1/2$,根据式(3.5),利用在任何区域资本的创造成本和收益率都分别相等的均衡条件下,可以解出对称均衡下的长期经济增长率 g_{sym} 和长期总支出:

$$g_{sym} = \frac{b(1+\lambda)}{2} L^w - (1-b)\rho - \delta \tag{3.9}$$

$$E^w = L^w + \frac{2\rho}{1+\lambda} \tag{3.10}$$

根据式(3.9)可知,当处于对称均衡的条件下,区域间溢出效应也会提高,从而导致 λ 升高,长期均衡增长率也会得以提升。除此之外,因为 $g = g^*$,根据式(3.9)可知,均衡增长率即为世界资本的均衡增长率,所以,实际收入增长

率为

$$g_{\text{GDP}} = ag, a = \mu/(\sigma - 1) \tag{3.11}$$

2. 核心—边缘均衡结构下的经济增长

在这种情况下，$s_K = 1, \Delta = 1, \Delta^* = \varphi, A = 1, B = 1, q = 1, q^* < 1$。增长率为

$$g_{\text{CP}} = bL^w - (1 - b)\rho - \delta \tag{3.12}$$

式（3.12）即为全部资本均在北部集中所产生的长期均衡增长率，这种情况等同于 $\lambda = 1$，因此并不特殊，全部资本均在一个区域集中与生产，而这一区域自然也就集中了知识的溢出效应，因此在知识传播的过程中，不会发生衰减的情况，在此期间，λ 表示的即为无关参数。

通过对以上增长率进行对比后可以发现，相比于对称分布的增长率来说，集聚下的增长率更高：

$$g_{\text{CP}} - g_{\text{sym}} = \frac{b(1 - \lambda)}{2}L^w \tag{3.13}$$

此时空间具有"非中性"的特点，如果空间分布模式不同，也会对长期的均衡增长率产生一定程度的影响，从而对经济增长具有显著影响。

LS 模型讨论区位均衡时利用 EE 曲线和 nn 曲线。

EE 曲线所表达的是 s_K 如何决定 s_E 的问题，其表达式为

$$s_E = \frac{1}{2} + \frac{\rho\lambda(s_K - 1/2)}{AA^*L^w + \rho[A^*s_K + A(1 - s_K)]} \tag{3.14}$$

式（3.14）反映了资本分布对支出分布的影响。

nn 曲线所表达的是 s_E 如何决定 s_K 的问题，其表达式为

$$s_E = \frac{1}{2} + \frac{[-2\varphi + \lambda(1 + \varphi^2)](s_K - \frac{1}{2})}{(1 - \varphi^2)[-2(1 - \lambda)s_K^2 + 2(1 - \lambda)s_K + \lambda]} \tag{3.15}$$

式（3.14）和式（3.15）组成的方程组有 3 个解，$s_E = s_K = \frac{1}{2}$ 是一个解，另外两个解为

$$s_K = \frac{1}{2} \pm \frac{1}{2}\sqrt{\frac{(1 + \lambda)(1 + \lambda - 2T)}{(1 - \lambda)(1 - \lambda - 2T)}} \tag{3.16}$$

但这两个解不经常存在，因为 $s_K \in [0, 1]$，所以只有 $0 < \frac{(1 + \lambda)(1 + \lambda - 2T)}{(1 - \lambda)(1 - \lambda - 2T)} < 1$ 时解存在。解不等式得到贸易自由度的取值范围为

$$\frac{[(1 + \lambda)L^w + 2\rho] - \sqrt{(1 - \lambda^2)[(1 + \lambda)L^w + 2\rho]^2 + 4\rho^2\lambda^2}}{\lambda(1 + \lambda)L^w + 4\rho\lambda}$$

$$< \varphi < \frac{(L^w + \rho) - \sqrt{(L^w + \rho)^2 - \lambda^2 L^w (L^w + 2\rho)}}{(L^w + 2\rho)\lambda} \qquad (3.17)$$

下面用剪刀图解(图3-1)来解释LS模型的空间聚集效应。图中EE曲线和nn曲线分别是根据式(3.14)和式(3.15)做出的。EE曲线的斜率与贸易自由度φ无关,并且始终大于0,在$s_K = 0$和$s_K = 1$时s_E为定值。随着贸易自由度φ的上升,nn曲线会绕着A点做逆时针旋转。nn曲线外部的点存在资本流动的动力,因此是不稳定的。处在nn曲线下方的点比同一s_K水平下nn曲线上的点s_E多时,也就意味着$\pi > \pi^*$,会有更多的资本流向北部区域,从而导致北部资本份额上升,nn曲线下方的点向上移动;相反,nn曲线上方的点也会向下移动。

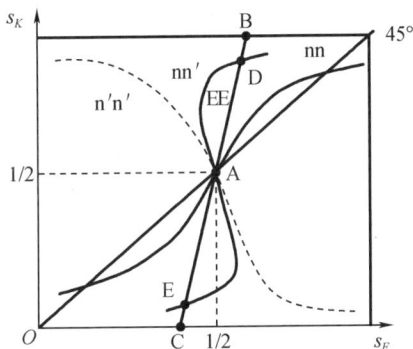

图3-1　剪刀图解

1. 当贸易自由度φ很低时,nn曲线为图中的"nn",nn曲线与EE曲线相交于A点,对称均衡点A,也就是$s_E = s_K = \dfrac{1}{2}$的点为稳定均衡点。因为当经济系统沿着EE曲线偏离A点,受到nn曲线的约束会回到A点。

2. 当贸易自由度φ很高时,nn曲线为图中的"$n'n'$",此时A点不再稳定,一旦A点产生震荡沿着EE曲线偏离出去,nn曲线的作用会使震荡加剧,把均衡点推向"核心—边缘"均衡,B、C成为长期均衡点。

3. 当贸易自由度φ为中等水平时,nn曲线为图中的"nn'",nn曲线与EE曲线除了A点还有两个交点D和E,D、E即为模型的长期均衡点。贸易自由度中等水平的临界值φ^B及突破点φ^s是:

$$\varphi^B = \frac{[(1+\lambda)L^w + 2\rho] - \sqrt{(1-\lambda^2)[(1+\lambda)L^w + 2\rho]^2 + 4\rho^2\lambda^2}}{\lambda(1+\lambda)L^w + 4\rho\lambda}$$

$$\varphi^s = \frac{(L^w + \rho) - \sqrt{(L^w + \rho)^2 - \lambda^2 L^w (L^w + 2\rho)}}{(L^w + 2\rho)\lambda}$$

3.2.1.4　LS 模型的主要特征

1. 经济一体化拥有更丰富的内涵

经济一体化涉及多方面内容,降低物质资本流动成本或人力资本流动成本是实现经济一体化的重要手段之一,LS 模型解释了降低公共知识资本传播或扩散成本实现经济一体化的手段。

2. 内生的经济增长为聚集力

在 LS 模型中,内生的经济增长即为聚集力。对于具有较大资本份额的区域而言,经济增长速度非常快,与此同时,也可以吸引到大量的资源,长此以往也就产生了经济聚集力。

3. 知识溢出为分散力

在 LS 模型中,内生的经济增长可以对经济聚集产生促进作用。而对于知识溢出来说,它则会对经济产生分散作用。在讨论相关问题时,应从两个方面着手:第一,如果 $\lambda = 1$(其中不包括地区间知识溢出障碍),当具有较低的贸易自由度时,将会产生稳定的对称均衡;第二,由于 λ 的增加,维持稳定对称均衡的 φ 取值范围也会随之加大。以上均可表明,在知识溢出的作用下,内生的经济增长可以对经济分散产生促进作用。

4. 一体化既是聚集力又是分散力

交易成本的降低,提高了经济的聚集力,最后产生了经济极端聚集的情况。与此同时,知识溢出成本与交易成本降低,能够避免出现经济的极端聚集。实际上,采取扩大知识溢出的方式,将会有效促进经济活动的分散。

5. "经济起飞"

LS 模型的主要特性即为经济地理对经济增长速度产生影响。可以从贸易自由度变化带来知识传播水平改变所引发的聚集增长率水平差异角度去说明。如果 $\varphi < \varphi^B$,从均衡区位的角度来说,这是创新中心与产业的分散区位。在此过程中,会存在非常弱的知识溢出,产生的创新成本也更多,经济增长率如式(3.9)。随着贸易自由度逐渐提升,如果 $\varphi > \varphi^s$,就会产生核心—边缘结构的均衡,即在一个区域内集中了全部产业,知识溢出强度非常大,产生创新的成本大大降低,经济增长率为 $g = bL^w - (1-b)\rho - \delta, (\lambda = 1)$。因经济增长率明显高于前者,所以表明可以通过资本聚集来提高经济增长率,带来"经济起飞"。

6. 核心区经济增长可以补偿边缘区

交易成本不断下降,会造成发展的空间差异,对于核心区居民来说,无须对产品的交易成本进行支付,因此所获取的实际收入有所提升。反之,边缘区居民必须要支付一定数额的交易成本,自身的实际收入也会随之降低。然而,随着地区经济的不断增长,这种空间差异也会产生相应的变化。

针对制造业产品而言,由于其具有较低的支出份额,随着经济增长率的提升,对福利水平也会产生更小的影响,在此过程中,在经济聚集中产生的静态损失不再占据主导地位,因此受到经济起飞的影响,南部的环境更加恶劣。若是其具有较高的支出份额,在经济增长中南部的动态收益将会占主导地位,在经济起飞中,各个区域均会从中获取利益。

当处于经济起飞的状态下,交易成本的降低会导致北部输入的商品价格有所下降,从某种程度上来看,南部的福利水平也会得到提升。在经济聚集中,南部或许会面临一定的损失,但是由于受到这种因素的影响采取封闭型贸易政策,并不会对南部福利水平的提升产生促进作用。

3.2.2　本地溢出模型扩展

为了产生政策干预的效果,在 LS 模型扩展中,包含了其他的运输成本,即引入区内的交易成本,这样一来,交易成本不仅存在于区域之间,而且存在于区域内部,主要包括区际交易成本与区内交易成本。所以,在建设公共基础设施的过程中,也会对这两项成本产生直接影响。

公共政策会对交易成本以及经济地理条件产生一定程度的影响,再加上知识溢出的本地化特征,由此会对经济增长率产生促进作用。同时,公共政策旨在协调区际公平的区域政策,如为吸引更多的企业在贫困落后地区落户而进行的基础设施建设,这并不能彻底改变贫困落后地区的经济环境。由企业层次上的规模收益递增或知识溢出而产生的聚集虽然可以创造收益,但这种聚集收益主要来自外部效应。

3.2.2.1　模型基本形式

为了提高分析效率,本节提出一个假设:交易成本为"冰山"交易成本。即向区内居民出售区内生产的商品时,可以将这一成本称为区内"冰山"交易成本,表示为 τ_D,而区际交易成本则表示为 τ_I(其中,D 指的是国内,I 指的是国际)。因此可知,以上成本与基础设施水平的关系密切:如果 τ_D 降低,说明区内的基础设施水平得到了提升;如果 τ_I 降低,可以理解为区际的基础设施水平得到了提升。

　　为了对政策选择问题进行合理分析,应对南北部的基础设施政策进行有效区分,在此过程中,南部区内交易成本表示为 τ_D^*。这里提出一个假设:如果两个区对贸易活动的基础设施进行共享,那么二者产生的区际交易成本是一致的。假设 $\tau_I > \tau_D > \tau_D^*$,通过对比其他区代理机构的交易成本,南北部的区内交易成本至少是相同的。

　　由于受到资本趋利性的影响,如果一个区具有较高的资本名义收益,那么就会流进更多资本。所以,内部均衡的表述条件如下所示:

$$\pi = \pi^*$$
$$\pi = bBE^w / K^w$$
$$\pi^* = bB^* E^w / K^w$$
$$b \equiv \mu / \sigma$$
$$B \equiv s_E \varphi_D / \Delta + \varphi_I s_E^* / \Delta^* \tag{3.18}$$
$$B^* \equiv \varphi_I s_E / \Delta + \varphi_D^* s_E^* / \Delta^*$$
$$\Delta \equiv \varphi_D s_n + \varphi_I (1 - s_n)$$
$$\Delta^* \equiv \varphi_I s_n + \varphi_D^* (1 - s_n)$$

　　在上述公式中,E^w 表示的是总支出,K^w 表示的是总资本存量(如果考虑到单个产品种类和一个单位资本相对应,则 K^w 表示的是产品种类总量,即 $K^w = n^w \equiv n + n^*$)。s_E 和 s_E^* 分别为北部和南部的支出占总支出的份额(因此 $s_E + s_E^* = 1$)。同时,我们分别用 $\varphi_D \equiv \tau_D^{1-\sigma}$ 和 $\varphi_D^* \equiv (\tau_D^*)^{1-\sigma}$ 来表示北部区与南部区区内贸易自由度,区际贸易自由度表示为 $\varphi_I \equiv \tau_I^{1-\sigma}$。

　　解均衡条件 $\pi = \pi^*$,可以用来表示产业的空间分布(s_n 表示的是在产业总数中北部产业所占的份额)对市场规模的依赖(s_E 表示的是在总支出中北部消费支出所占的份额)以及各类交易成本等。

　　1. 企业生产区位的决定

　　解均衡方程式,得出的公式如下:

$$s_n = \frac{1}{2} + 2 \frac{(\varphi_D \varphi_D^* - \varphi_I^2)(s_E - 1/2) + \varphi_I (\varphi_D - \varphi_D^*)}{2(\varphi_D - \varphi_I)(\varphi_D^* - \varphi_I)} \tag{3.19}$$

　　根据前面的 $\tau_I > \tau_D > \tau_D^*$ 假定,在上述公式中,分母是正。因此可以得出,两个区域支出份额的差异会受到生产区位的影响。此外还会产生另外一种效应:在各个条件一致的前提下,如果区域具有良好的区内基础设施,将会得到更多企业的青睐。其原因在于,区内交易成本相对比较高,在本地市场上,本地生产者的有效规模将会降低,再加上市场规模较小,因此也就很难吸引企业。

2. 区际收入差异

在两个区域内,如果具有相同的工人规模(即 $s_L = 1/2$),针对北部的支出份额而言,将会受到两项因素的影响,其中包括该区均衡增长率与资本存量份额(具体见 LS 模型所示)。根据公式 $E = L + \rho v K$ 和 $\pi = E^w / K^w$,可以得出相应的公式:

$$s_E = \frac{1}{2} + \frac{b\rho(s_K - 1/2)}{g + \rho + \delta} \qquad (3.20)$$

在式(3.20)中,s_K 表示的是北部区资本存量份额,ρ 表示的是主观的贴现率,g 表示的是总资本存量的内生增长率,δ 表示的是贬值率。资本可流动而资本所有者不流动,因此可以得出,北部资本份额 s_n 与资本存量份额 s_K 并不相等。s_E 表示的是总支出中北部的消费支出份额,因此,在进行区际收入不平衡的测度时,可引入 $(s_E - 1/2)$,根据式(3.20)可知,随着资本禀赋不平衡的扩张,区际收入不平衡也会增加,若是资本存量增长率有所提升,该项指标则会下降。

3. 资本存量均衡增长率

因为知识溢出的部分本地化特性,生产活动的空间分布会对北部创新部门的平均生产率产生决定性影响。根据 LS 模型可以得出公式 $F = \omega_L a_1$、$a_1 \equiv 1/(K^w A)$、$A \equiv s_K + \lambda(1 - s_K)$ 与 $q = v/F = 1$,进而可得出总资本存量的均衡增长率,具体计算公式如下所示:

$$g = 2bL[s_n + \lambda(1 - s_n)] - \rho(1 - b) - \delta, 1/2 < s_n \leq 1 \qquad (3.21)$$

在上述公式中,λ 表示的是知识溢出本地化水平的参数。若是处于极端状态——$\lambda = 0$ 表示知识溢出仅局限于区域内部;而 $\lambda = 1$ 表示的则是知识溢出具有全方位的特点,并非仅是局限于在本地区扩散,在其他地区也会进行扩散。根据式(3.21)可以得出,空间集中指的是创新成本比较低,也象征着增长率的提高。

总之,长期均衡可以用式(3.19)、式(3.20)和式(3.21)来表示。

3.2.2.2 基础设施建设的空间效应

1. 本地基础设施的经济影响

如果要对南部地区的基础设施条件进行改善,则采取该类政策,能够使南部区内贸易自由度得到显著提升,即为提升 φ_D^*(图 3-2)。在 s_E 已知的条件下,可以降低 s_n,在第一象限中可以对 $s_n(s_E)$ 进行分析,曲线呈现下移趋势。

现阶段,随着社会的不断进步与发展,公共基础设施质量也得到了显著提升,在南部生产的产品及消费的交易成本也有所降低。由于规模收益持续增长,企业开始在南部生产一些差异化的产品,从而导致 s_n 降低。企业区域的转移,可以有效提升创新成本,创新增长率将会下降。基于这一层面来分析,南部基础设施的改善,将会造成低增长的经济环境,而创新增长率的降低,将会导致竞争性有所下降,从而创造出更多的垄断利润,促使南北部的资本所有者可以实现经济利益最大化的目标。在北部区域,由于具有较多的资本所有者,所以,根据图 3-2 所示,这将会逐渐扩大支出的区际差异。

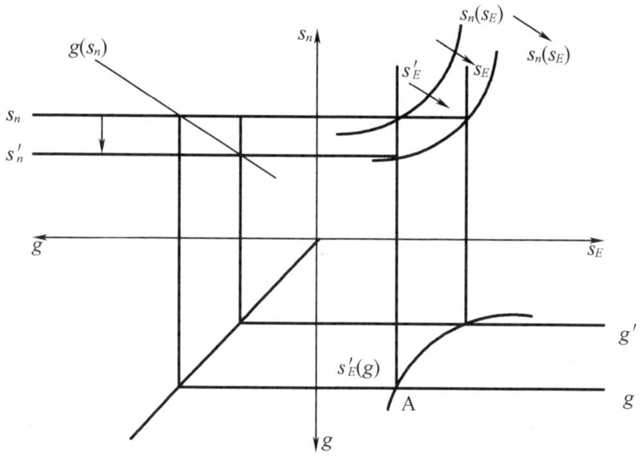

图 3-2　南部地区提高本地基础设施水平

　　我们应注意到,经济地理不但会对区内资本所有者与员工之间的名义收入差异产生影响,而且也会对区际收入差异产生影响。如果地理集中度与资本存量增长率比较低,将会导致垄断利润增长,促使双方的收入差异逐渐扩大。在讨论政策问题时,常假定那些引导企业在落后地区落户的政策可以缩小区际收入差异,进而缩小更大范围的不平衡。但重要的是,应搞清楚假定中所确定的不平衡是何种类型的不平衡。从前文的讨论中可以看出,缩小区际收入差异,可以导致其他方面的不平衡问题,如经济要素间的不平衡等。因此,区域政策要考虑公平与效率之间的权衡问题。根据前文所述,得出的结论为:本地基础设施会对南部区内贸易的基础设施产生有利影响,整体的经济增长率与空间集中度也会有所降低,在南北部之间,资本所有者与员工之间的名义收入差异也会越来越大。

　　2. 区际基础设施的经济影响

　　如图 3-2 所示,区际自由贸易方法可以促使区际基础设施条件得到有效提升。根据式(3.22)可知，求 s_n 对 ∂_1 的导数，可以得出 $\partial s_n / \partial \varphi_1 > 0$。由此可知，相比于南部来说，北部的市场规模更大或基础设施水平更好(即 $s_E > 1/2$，或 $\varphi_D > \varphi_D^*$)，进而可理解为随着区际基础设施水平的提升，北部会得到更多企业的青睐。根据图 3-2 可知，在第一象限中，$s_n(s_E)$ 曲线开始下移，由此表明，区际基础设施条件改善政策的效应与降低南部区内交易成本的效应正好相反。由于 s_n 提升了，创新增长率 g 也会提升，而资本所有者垄断利润的减少，导致 s_E 也开始降低。

此外，降低区际交易成本对实际收入差异的影响是不确定的。即使可以降低名义收入差异，但是影响两个区域价格指数并非是一件容易的事。在南部，随着区际贸易自由度的提升，北部输入产品的运输成本将会随之降低。而在此过程中，许多企业会转移至北部(可以提升 s_n)，因此北部输入了更多的产品，需要付出的运输成本也越来越高。针对南部来说，第二个效应显著低于第一个效应，而区际交易成本的下降，也降低了南部的价格指数。

如果是在北部，所产生的影响是相同的，提升区际贸易自由度，可以促使南部输入产品的运输成本减少，与此同时，很多企业为了得到更好的发展，纷纷开始转移至北部，所以，南部输入的产品越来越少，从而减少了需要支付的运输成本。

因此结论如下:区际基础设施会对南北区际贸易的基础设施建设产生有利影响，整体的经济增长率与空间集中度也会有所提高，在南北部之间，资本所有者与员工之间的名义收入差异也会逐渐缩小。

3.技术溢出的经济影响

因为不同区域面临着不同的问题，所以施行区域政策时都存在如何协调的问题。就前文讨论的这些政策而言，或会降低经济增长率，或会扩大名义收入差异，或会提高产业的空间集中度。但促进技术溢出的公共政策不会遇到上述的权衡问题，因为全方位的技术溢出是有利于经济增长和经济分散化的。例如，通过对通信基础设施进行改善，可以为很多人创造出良好的互联网环境，或者提升人力资本，在该类政策的作用下，能够促进新技术的扩散，参数 λ 的值也得到了提升。具体见图 3-3。

如果采用了以上政策，$g(s_n)$ 曲线开始右移，由于创新成本的减少，均衡增长率会随之提升(图 3-3)，这样一来将会吸引大量企业进入市场，原有企业的垄断力也会被削弱，从而减少了资本所有者的收入。在此期间，南北区之间以及工人和资本所有者之间所产生的收入差异也有所减少，也将吸引更多的企业转移到南部。

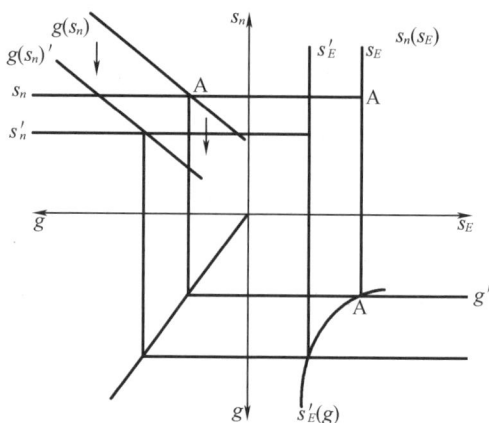

图 3-3   知识溢出的提高

通过分析后可以发现,外生降低创新成本可以产生一定的正效应,从而使内生降低空间集中度所造成的负效应得到缓解,基于这种净效应考虑,资本存量增长率可以得到显著提升。由此得出,随着创新成本政策的降低,经济增长与公平目标可以同时实现。在研发工作中,若是提供了补贴政策,可以使教育基础设施得到改善,减少企业创新成本的支出,相比于原有的区域政策或者是转移支付来说,这种政策的效果更加显著,而且也具有一定的现实意义。

正如前文所述,本书重点阐释了各类政策之间所具有的差异性。以上结论内容,是通过模型分析商品交易成本以及思想交易成本的差异归纳得出的。与实际情况并不完全相符,通常情况下,对商品交易产生有利影响的政策,会促进思想交流。商品交换也意味着代理商对新技术的充分了解。因此,总结如下:技术溢出会对区际溢出的公共政策产生有利影响,整体的经济增长率也会有所提高,空间集中度下降,在南北部之间,资本所有者与员工之间的名义收入差异也会逐渐缩小。

3.2.2.3   LS模型框架下三区域的基础设施建设分析

前面讨论的是两个区域,且两个区域的情况都已确定。一般来讲,当交易成本降低时,落后地区的企业就转移到发达地区。但当落后地区位于两个发达地区之间,而交易成本降低时,则可以吸引企业在落后地区落户。可以说,公共基础设施的效应主要取决于地理结构。例如在意大利南部和北部之间建设的高速公路并未促进南部地区的经济发展,反倒会促使许多南部企业开始转移至北部;而相同的政策(建设通往巴黎、布鲁塞尔、伦敦的高速铁路)应用在法国北部加来海峡省(为法国的经济萧条区)时,却使得该省获益。

现在将讨论扩大到三个地区模型。把三个地区分别用区域 A、区域 B 以及区域 C 来表示,并假定区域 B 位于区域 A 与区域 C 之间。区域 A 的企业向区域 C 出口商品,须经过区域 B,反过来也要经过区域 B,整个运输成本结构如下:

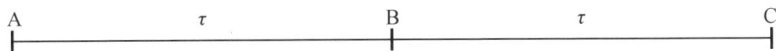

其中,A 与 B 之间及 B 与 C 之间所产生的运输成本均为 τ。为了方便进行分析,假设区域 A 与区域 C 是完全对称的,特别是在资本禀赋层面,并不会产生区内交易成本。在整个企业数中,区域 B 企业数的所占份额表示为 s_{nB};在整个支出中,区域 B 的支出所占份额表示为 s_{EB}。与此同时,假设 $s_{EB} < 1/3$,由于区域 B 的资本禀赋份额不超过 1/3,所以被划分为落后地区,在产业区位与区域收入差异之间,构建出相应的均衡关系,具体公式如下所示:

$$s_{nB} = \frac{1}{3} + \frac{(3s_{EB}-1)(1+\varphi)}{3(1-\varphi)^2} + \frac{2}{3}\left(\frac{\varphi}{1-\varphi}\right)^2 \qquad (3.22)$$

有两种效应会对企业布局产生诱导作用,其一为本地市场效应。假设区域 B 属于落后地区,即 $s_{EB} < 1/3$,右侧第二项是负,因此,若降低交易成本,必定会导致落后地区的企业数量份额有所提升。另一个效应源自前文假设的特殊地理结构,这一结构促使区域 B 成为该结构中的"中心区",尽管它是落后地区。这种"中心区"效应由上式右边的第三项给出,且该项为正,因为"中心"具有吸引企业的功效。企业坐落于区域 B,即使区域 B 不具有较大的市场规模,但是企业极易介入市场 A 与 C,这两个市场规模比较大。因此可以得出,采用降低区际交易成本的政策,能够使以上功能得到强化,并且吸引更多的企业在落后"中心区"落户。上述的本地市场效应和中心区效应互为反向的效应,所以,这项政策能否吸引企业在落后地区落户,并不能完全确定。然而,若是符合以下条件,则 $\partial s_n / \partial \varphi > 0$,即能够吸引更多的企业在落后地区落户。

$$s_{EB} > \frac{1-\varphi}{3+\varphi} \qquad (3.23)$$

因此,只要落后地区具备一定市场规模,或落后地区和发达地区之间现有的交易成本未处在较低水平,那么降低落后的"中心区"和两个发达地区间交易成本的基础设施政策,可以吸引企业在落后地区落户。从另外一种角度来说,尽管"空旷地"位于发达地区之间的十字路口,但不一定能成为产业基地,而要成为产业基地,必须具有足够大的本地市场。同时,尽管节省交易成本的区位具有吸引力,但这时的交易成本也应达到一定水平,因为在交易成本足够高的情况下才能凸显节省成本的效应。综上可知,交通基础设施政策的影响取决于地理结构、现有市场规模以及现有基础设施水平。若是落后地区具有充足的支出份额,则提高位于中心区的落后地区与两个发达地区之间贸易的政策,从而吸引大量的企业于落后地区落户。

3.3 基础设施建设产出效应的理论分析

3.3.1 基础设施建设产出效应的概念界定

基础设施政策产出效应是指政府鼓励基础设施发展的政策所带来的基础设施增长对整个经济体系的生产和就业水平所产生的实际影响。基础设施产出效应是带有一定范围的,基础设施的完善可以降低区域内部和区域间的交易成本,为区域带来更多的需求和贸易,企业因此获得更多的利润,于是就会增加生产和就业,产生正产出效应。

基础设施投资是经济增长的一个必要前提。研究表明,基础设施投资对促进经济增长具有重要的实质性贡献,而且,相比于其他形式的投资对经济增长的促进作用,基础设施投资在工业化起步阶段向中期阶段推进的过程中的作用呈上升趋势。世界银行发展报告曾指出,如果基础设施增长1%,GDP也相应增长1%。各国的研究都揭示了这一规律。在我国现阶段所处的工业化水平下,基础设施投资对经济增长仍然发挥着重要作用,基础设施的经济性指标与人均国民收入相关系数高达0.95,基础设施社会性指标与人均国民收入相关系数为0.86。这说明,在高增长时期,我国经济对基础设施的依存度很高。

除了对本地的产出效应外,交通基础设施政策还会产生外溢效应。交通基础设施是具有典型空间网络特性的产品,各个区域的经济活动通过交通网络线连接成一个整体,保证生产要素在区域之间流动,从而影响地区产业布局。交通基础设施的投资有利于各地区的优势互补,从而提高整个经济运行效率,使其他地区的经济增长产生正溢出效应,带动相邻地区发展。

3.3.2 基础设施建设产出效应的作用机制

基础设施政策产出效应,也就是其促进整个国民经济总产出增加的作用机理,主要从两方面体现出来:一方面是公共基础设施本身作为一项投资,可以通过拉动需求和增加资本积累两方面带来总产出的增加,这是一种投资乘数效应;另一方面是公共基础设施是重要的公共物品,能产生正外部效应,通过外部性对其他产业部门产生作用,而间接增加总产出,被称为"溢出效应"。

3.3.2.1　投资乘数效应

基础设施投资可以直接对产出做出贡献。基础设施投资一般可以分为两种类型:政府基础投资和私人基础投资。政府基础设施投资是一种政府购买支出,是社会总支出的一个组成部分;私人基础设施投资虽然也要形成社会资产,但投资主体是微观主体,因而被归类为投资支出,也属于社会总支出。因此无论投资主体是谁,从国民收入核算角度来讲,增加基础设施投资都会直接增加总支出,从而直接促进国民财富的增加。更重要的是,基础设施投资的变化还会通过乘数效应的作用进一步影响全社会的资本积累,即增加基础设施投资与其所带来产出的增加不是1:1的关系,而是若干倍于基础设施投资量的扩张。以轨道交通为例,有研究显示:轨道交通建设对GDP的直接乘数效应为2.63倍,并能提供8 466个就业岗位,且带动上下游产业链和沿线商贸、金融、服务业同时发展,总的乘数效应可达到6.2倍。

3.3.2.2　溢出效应

溢出效应是一种间接效应,基础设施为产出所带来的间接效应更多。经济走廊最为注重发展的基础设施是交通通信基础设施,以便经济走廊成为互联互通的桥梁。交通的连通和通信的便利可以极大地降低运输、获取信息的成本,从而带来产出的快速增长。基础设施属于上游产业,因此它能够构成下游产品的成本并形成下游产品的价格。换句话说,一个地区基础设施越便利,下游产品价格越便宜,该地区产品竞争性越强,经济增长越快,居民收入越高。

公共基础设施作为人们生产生活的先决条件,不仅是企业生产活动的前提,作为中间投入品的基础设施,同时也降低了其他生产要素的生产成本,即提高了生产效率。此外,政府免费为企业提供的公共物品改善了企业的经营环境,影响企业的成本函数和利润函数,降低了企业的成本,提高了企业的经营效率。

便利的交通基础设施有利于促进对外贸易的发展,当运输更加方便快捷时,消费者购买国外产品与购买国内产品在运输成本上的差别就会减小。降低进口产品价格,从而增强外国商品在当地的竞争力,促使居民消费更多的外国产品,比较优势就更容易凸显出来。

另外,如前文基础设施空间效应的理论所述,交通通信基础设施能降低区内和区际的交易成本,在达到聚集条件时还会产生空间聚集,不同的空间结构对经济产出的影响也不一样。一般来说,空间聚集会带来更高的 GDP 增长率。通信基础设施的完善有利于公共知识的传播,增强地区的科技力量,提高全要素生产率,促进经济增长。

3.3.3　经济走廊基础设施建设产出效应

在实践中,区域基础设施的产出效应通常是通过建设跨境经济走廊来实现的,跨境经济走廊将经济活动中心与交通运输很好地联结起来,使沿线的流通和贸易成本降低,促进了周边地区的发展。这些经济走廊增加了沿线国家的贸易、投资和其他经济机会,从而减少贫困,并提高低收入群体的收入,支持农村和边境地区的发展,且能促进旅游业的发展。此类走廊的发展需要政府间进行系统协调规划,执行政策并进行体制改革。事实上,它们扩大了区域间跨境合作的范围,除了实施综合基础设施项目,还会使区域间寻求促进周边地区发展的经济活动,并不断完善制度建设,如提高通关便利化等。

各国政府通过经济走廊获取区域基础设施联网效益。这些经济走廊不仅对于国际贸易很重要,对于一个地区形成经济地理位置来说也很重要。交通走廊会吸引各类经济活动,从而通过连锁反应提高企业利润,更为广泛地推动各国经济发展。

经济走廊的作用各异,尽管所有经济走廊都有促进贸易的目标,但这只是它们诸多经济目标中的一个。有些经济走廊的目标是促进本身沿线的经济活动,而另一些则旨在促进走廊两端国家的经济活动。走廊也可以为一个或多个内陆国家打开通往世界的大门,以避免这些国家只能通过中介与接壤邻国以外的国家进行贸易。

经济走廊通常是实现国际经济联盟的重要手段。中蒙俄经济走廊将三国间原有的计划或安排联系起来,进而为三国之间开展贸易提供便利。具体产生的效应包括:贸易创造效应、贸易转移效应和投资创造效应。而这些效应最终会推动三国经济的增长。

本书第 5 章将会用中蒙俄经济走廊的基础设施和 GDP 数据对产出效应进行检验。

3.4　基础设施建设开放效应的理论分析

3.4.1　基础设施建设的开放效应

所谓开放效应,是指某种行为对本国融入国际市场的影响程度。如果该行为有利于本国商品、服务进入国际市场,有利于吸引外国资本、技术和其他要素资源的流入,有利于进一步推动产业创新和经济增长,就说明此行为具有开放效应;反之,就是缺乏开放效应,甚至是具有开放负效应。

同样道理,一项基础设施政策如能加强国际贸易、改善外部投资环境、便捷沟通合作,这项基础设施政策便产生了开放效应。中蒙俄经济走廊基础设施政策目标在于服务市场贸易、改善区域沟通、加强国际联系、搭建交流平台,因此必然产生开放效应,能够促进沿线国家间的相互交往和合作。

3.4.2　开放水平的决定因素

3.4.2.1　国家规模

国家规模通常是决定一国开放水平的重要因素。国际上对国家规模的衡量一般都是以人口数量来进行。库兹涅茨早就提出过,一个国家经济的开放程度与人口数量呈反向变化。因为大国人口众多,容易实现现代化大生产的合理经济规模,所以一个人口大国和一个人口小国相比,其对外部资源的需求程度就会小很多。反过来说,对于人口众多的大国,只有一小部分商品消费、生产资料供给和对发展资金的需求要通过外界来解决。所以,一个人口大国与世界经济关联的程度自然就会比一个人口小国小。从需要和可能来说,一个人口大国更趋向于建立一个生产完备、门类齐全的工业体系,那么它自给自足的可能性就会高一些。对一个人口大国的企业来说,国内市场始终占据主要地位,因而对争夺国际市场的兴趣就会小一些。总之,人口大国会比人口小国开放水平低一些,这是经许多经济学家研究证实得出的一个结论。

3.4.2.2　经济发展水平

一方面,从经济总量上来看,一国经济发展的程度越高,其对外开放的程度就越高。经济越发达的国家其居民收入水平就越高。根据凯恩斯等人的消费理论,收入水平决定了消费水平,比较高的收入也就决定了比较高的消费(包括对进口产品的消费),因此进口值就大;经济发达的国家其生产能力也越强,生产的大量产品需要广大的国际市场帮助消化,其先进的生产技术和高生产率为其商品在国际市场上赢得了广泛的竞争力,因此出口量也大。而欠发达国家受到其生产和收入能力的限制,其出口能力有限,进口水平也低。

发达国家资金实力雄厚,可以向外输出更多的资本,也有能力更广泛地吸收世界各地的先进技术;而欠发达国家资本稀缺,只能向外输出其有比较优势的传统产业、初级产品和廉价劳动力,并有选择地吸收资本和技术。所以,越是发达的国家和地区在输出资本、引进技术、发展对外贸易方面越具有优势,其与世界的经济联系就越广泛。

另一方面,对外开放水平与人均 GDP 呈正向变动。人均 GDP 是衡量一国生产和收入水平的重要指标,它代表了一国的生产率,生产率高是发达经济体的主要标志。因此在实际当中人们总能看到,越是发达的经济体,其对外开放的程度就越高。这是因为,生产力越发达,越容易产生新的需求。这既扩大了国内市场,也创造了更多的进口需求。人均 GDP 的提高反映了一国生产力的增长,从而使该国更有能力增加制成品的出口,而随着生产增长和制成品出口的增加,国内对能源、原材料和半制成品的进口需求会增加。同时,随着工业化的推进,设备进口和技术引进也会增加,其引进外资和对外投资的能力也会增强。

3.4.2.3 国内资源

一般来说,一个缺乏自然资源的国家,大部分生产、生活必需的产品只能依靠进口满足,因此进口比率就高,而这种高度的进口依赖性反过来也要求该国不断扩大出口,以使进出口维持平衡。因而,自然资源不足的国家客观上要求对外经济必须以较高的开放水平来满足国内需求。反之,自然资源丰富的国家客观上要求对外经济保持相对较低的开放水平。由此可见,在其他条件相同的情况下,一国经济开放水平受到国内自然资源情况的制约,二者呈反向变动。

可见,国际贸易本身就如同新技术发明,自然资源比较贫乏或自然资源丰富但本身没有得到有效开发的国家,必须依靠相对较高的经济开放水平,才能使国民经济取得良性循环和增长。世界经济发展史也一再证明,实现高速经济发展的国家,不一定就是那些拥有丰富自然资源的国家,往往是那些缺乏资源但善于利用外部先进技术和资源的国家,日本和德国就是范例。

值得关注的是,衡量一国的自然资源不能单纯从其拥有资源的总量进行分析,而应该重点考虑人均资源占有量这个因素。比如,从绝对量来看,中国的资源总量很丰富,但从人均资源占有量上来看是不足的,因此我国对国外资源的依赖程度还比较高。

3.4.2.4 地理位置

对外经济开放水平在一定程度上受地理环境条件的制约,因此不但要考虑社会生产发展的需要,而且不能隔绝各国所处的具体地理环境因素所提供的可能性。由于自然条件的差异,不同地理位置的国家为对外经济开放所提供的客观条件不同,因而开放水平也各异。一般说来,越是靠近国际经济活动中心,或处十沿海港口、边境要塞、交通枢纽的国家或地区,地理位置越优越,越能为对外经济交往提供便利的交通条件。因为这种地理位置便于"引进来"和"走出去",便于国内外开展投资和经济交流。因此,在其他条件相同的情况下,地理环境优越的国家和地区对外经济开放的程度相对较高。相反,远离国际经济活动中心,远离沿海港口、边境要塞、交通枢纽的国家和地区,地理环境比较差,对外经济开放水平就比较低。

因此,一国在对外开放的过程中,必须考虑自己的地理条件,不顾客观环境,盲目地制定开放政策,只会给国内经济发展带来不利的后果。当然,地理条件对一国对外开放水平的制约不是决定性的,在当今交通基础设施和交通工具日益便利化的趋势之下,其对对外交往的制约会越来越小。仅看到地理环境不利因素而盲目悲观,不去主动改善交通运输条件,就会陷入"地理环境决定论"的错误观点中。

3.4.2.5 国内对开放的承受力

国内对外开放的承受力主要指在对外开放的过程中,国内对于外部经济输入的吸收利用程度。它包括本国民族工业的基础和民众消费水平对来自进口商品外部冲击的承受能力,本国的科技力量对引进先进技术设备的使用、消化、吸收和创新的能力,对外资的经营管理能力和国内物质、资金以及对基础设施配套的能力,国民的价值观念、文化水平、民族传统对开放的适应能力。对外开放水平只有符合国内的承受水平,才能减少阻力,产生良好的社会经济效益,有效地促进经济发展。

3.4.2.6 国际经济环境

前文所谈及的一国对外开放水平的影响因素主要都是从内部出发寻找的,然而一国的对外开放总是在一定的外部环境下进行的,与国外的交流就不能不考虑外部环境对本国开放水平的影响。当前世界经济关系的发展对各国对外经济开放水平产生深远的影响主要有两个方面。一方面,随着生产、技术、资金、市场的日益国际化,各国经济相互依赖度在日益加深。这一趋势要求各国在经济发展中逐步提高本国对世界经济的开放程度。另一方面,贸易保护主义、债务危机、贫富分化以及国际经济旧秩序,都是阻碍国际经济联系加强的因素。

需要注意的是,世界经济环境作为开放水平的一个外生变量,它的作用只能是使一国的经济发展轨迹发生偏离。世界经济环境的改变可以影响一国的对外开放水平,但它不可能改变一国经济内部的发展动能,也就无法从根本上左右一个国家的开放基调。

3.4.2.7　国内外政策

政策因素是影响一国对外开放水平的重要决定因素。政策因素可以分为国内政策和国外政策两大部分,二者互相影响。当国际上贸易保护主义政策盛行时,一国政府为保护本国的贸易利益,往往会制定一些相应的反保护主义的对等政策;而当一国强烈地感受到本国生产来自外部的竞争压力时,往往会制定一些保护本国经济利益以及促进本国出口的政策,特别是当上述情况是由外国政府有意识制定的政策所导致的时候。

此外,政策因素又可以分为促进开放政策和阻碍开放政策两种。从来自国外的因素上看,各个一体化国际组织制定的一体化贸易政策均是对其内部成员国有利的,而对组织以外的国家,政策结果往往是阻碍该国的开放。从来自国内的因素上看,有助于对外开放的政策表现为该国不限制甚至鼓励商品、劳务和生产要素的跨国界流动;反之,如果一国对商品、劳务和生产要素的跨国流动加以一定限制,则该种政策就是阻碍开放的。这种政策作用的强度可以很大。一国既可能因为实行内向型的政策而闭关自守,又可能因为实行外向型的政策而大大提高开放水平。因此在其他条件不变的情况下,一国可以使用政策因素作为调控开放水平的变量。

基础设施政策均是为改善基础设施条件而制定的,特别是有利于交通通信基础设施建设的政策措施,可以拉近地区间的距离,降低贸易成本,使得国际贸易便利化,增强国际经济一体化,是属于促进开放的政策。

3.4.3　对外开放水平的衡量

对外经济开放度是衡量某一地区对外开放水平的主要测度工具,它指的是地区对外开放的程度。它反映了世界经济与一国社会再生产过程相互渗透程度,具体表现为外国在何种程度上参与本国的社会经济生活及本国在何种程度上参与其他国家的经济活动,通常用对外贸易和投资占 GDP 的比重来衡量。

对外开放涉及贸易、对外投资、国际金融及国际服务贸易等多种要素。对外开放度是以上要素对整个国民经济的综合影响程度,是一国整体上参与国际分工程度和国际经济体系深度的衡量指标。

在这里应当指出,开放度与依存度的概念是有一定区别的。这里所讲的经济开放度,是指一国对世界经济的参与程度。所谓参与,是一国的一种自觉行为,一国国民经济根据客观实际要求与世界经济相关联。与此相联系的经济学家所热衷使用的依存度,所反映的是经济的依赖程度,是一国对其他国家或对世界在经济上的相互依靠程度,即外部经济变化对一国经济作用的影响程度以及一国经济变化对外国作用的影响程度。开放度和依赖度之间的根本区别在于:一个国家可以在一定程度上改变它的开放度,尤其是由高转低,但很难在短期内改变它对外部的客观依赖程度。闭关锁国降低的只是开放度,却不能降低该国对外部资源和市场的需要;对外开放可以提高开放度,却无法提高世界对它的依赖程度。

一国适宜的开放度是一个客观的范畴,虽然对外经济开放的程度在一定程度上受主观选择的影响,但各种客观因素决定了一国经济应该开放的程度,也就是理论值。应该根据客观的经济发展规律去调节对外开放程度的实际值,使开放度适应于客观实际的要求,以促进国民经济持续优化的发展。

本章小结

本章首先界定了经济走廊和中蒙俄经济走廊的相关概念和内涵,明确了经济走廊首先是交通走廊,其次是沿线国家各方面交流的渠道,是开放的新形式。中蒙俄经济走廊联通了中、蒙、俄三国,为我国向北开放提供了重要窗口。接下来阐述了两个空间经济模型:本地溢出模型和 LS 的扩展模型。本地溢出模型介绍了 LS 模型的假设、LS 模型的短期均衡、LS 模型的长期均衡、LS 模型的主要特征。LS 的扩展模型揭示了政策如何协调总体经济增长和区际公平之间的关系,4 个重要的结论为区域基础设施政策提供了参考依据。3.3 节阐释了经济走廊基础设施的产出效应理论,对基础设施政策产出效应进行概念界定,介绍了包括投资乘数效应和溢出效应在内的基础设施政策产出效应的作用机制,再对经济走廊基础设施产出效应进行分析,具体包括贸易创造效应、贸易转移效应和投资创造效应,指出发展基础设施可以促进产出增长。3.4 节对经济走廊基础设施政策的开放效应进行理论分析,提出开放效应的概念,分析国家规模、经济发展水平、国内资源、地理位置、国内对开放的承受力、国际经济环境和国内外政策开放水平等因素对开放水平的影响,最后对开放水平的衡量指标——对外开放度加以介绍。

第4章 中蒙俄经济走廊发展现状分析

2016年,中蒙俄二国共同签订了《建设中蒙俄经济走廊规划纲要》,其中明确提出,将"促进交通基础设施发展与互联互通"作为三国合作的重点内容,而且也表明要"建设、发展国际陆上交通走廊,增强三国铁路与公路运输实力"。本章以交通走廊建设为切入点,详细介绍了中蒙俄经济走廊的发展及中蒙俄三国的合作现状。

4.1 交通走廊的建设

在中蒙俄经济走廊建设过程中,交通走廊的建设是重中之重。

4.1.1 中蒙俄开展铁路过境运输合作

自从提出建设"中蒙俄经济走廊"倡议之后,三国之间的合作越来越密切,并且也取得了显著效果。因三国接壤的地带均属内陆,铁路运输以其安全、快捷、承载量大、受自然环境影响小以及通用性强等优点成为三国交通走廊的重点发展对象之一。

4.1.1.1 同江跨境铁路大桥

中俄同江—下列宁斯阔耶跨境铁路桥位于黑龙江省佳木斯市同江市与俄罗斯下列宁斯阔耶之间。全长31.62千米,包括主桥、引桥、边检站场和换装站。主桥建在同江哈鱼岛下游至俄罗斯下列港之间,跨越黑龙江干流,桥长2 215.02米,其中中方境内1 900.05米,俄方境内314.97米。同江中俄铁路大桥工程于2014年2月26日分别在中国同江和俄罗斯下列宁斯阔耶举行了奠基仪式,是中国国家《中长期铁路网规划(2008年调整)》重点建设项目。2018年10月同江大桥中方境内段已经竣工,2019年3月完成大桥合龙,2019年5月已完成工程进度的98%,俄方一侧引桥部分已投入使用。同江大桥通货能力可达到每年2 000万~2 500万吨。

4.1.1.2　中俄增开集装箱国际联运班列

2018年6月24日,中远海运与大连港合作的大连—莫斯科班列从大连港铁路中心站首发。该班列共计41节,为全集装箱运输,经满洲里过境,到莫斯科沃尔西诺站,预计全程运行14天。班列充分发挥了中远海运船队规模庞大和集装箱源充足、海内外网点完善等优势,携手铁路、港口企业共同积极参与陆上丝绸之路建设。大连中俄国际班列依托中远海运集运遍及全球的海上集装箱运输网络和多式联运及延伸服务体系,构建起了以大连为枢纽,连接中国东南沿海和东南亚、东北亚等国家及地区与俄罗斯、欧洲的国际多式联运大通道。2018年,国务院正式出台了《关于积极有效利用外资推动经济高质量发展若干措施的通知》,要求持续推进服务业开放,取消或放宽交通运输、商贸物流、专业服务等领域外资准入限制。

4.1.1.3　中俄共同开发"滨海1号""滨海2号"国际交通运输走廊

当前的运输走廊主要包括俄罗斯滨海边疆区与黑龙江、吉林两省的格罗捷科沃—绥芬河、卡梅绍瓦亚—珲春两条铁路,随着中俄贸易合作的持续推进,仅有的线路很难使两国的贸易需求得到满足。因此,为了有效提升边境口岸的通关过货能力,2014年后,俄罗斯远东铁路部门计划采取一系列的方案措施,加大对铁路设施的改造,并且也提升了铁路的运输能力。为开通吉林与黑龙江两省的出海通道,我国与俄罗斯展开更多的贸易合作,也颁布了很多政策方针。2015—2016年,两国联合签订了合作备忘录,共同建立了"中俄联合国际交通走廊建设管理公司",旨在对"滨海1号""滨海2号"跨境运输铁路线进行改造和修建。中俄两国在2017年7月联合签订了《关于共同开发"滨海1号"和"滨海2号"国际交通走廊的谅解备忘录》,深入探讨了两国之间的贸易合作,并为接下来的贸易发展提供指导方向。俄罗斯政府于2016年12月批准了《国际运输走廊"滨海1号"和"滨海2号"发展构想》。

4.1.1.4　策克口岸跨境铁路项目开工

2016年5月26日,中国策克口岸跨境铁路通道正式奠基开工。该项目是中蒙两国贯彻"一带一路"倡议、促进双方贸易发展、落实《中蒙联合宣言》的基本体现。1992年,中国正式宣布批准策克口岸季节性开放,2005年6月,为了促进中蒙两国双边贸易的发展,在国务院的审批下,陆路边境口岸进行常年开放。该口岸面向的是蒙古国的西伯库伦口岸,会对蒙古国的多个地区产生辐射影响,也是我国十分重要的陆路口岸。

该项目成功之后,将连接临策铁路、京新铁路、额酒铁路等,形成畅通的能源输送网。向东连接乌里亚斯太和北京至莫斯科铁路,向北连接斯特口岸和中西伯利亚欧洲铁路,最后经过鹿特丹港入海,在中俄蒙经济走廊中,该项目也是不可缺少的西翼及第四条欧亚大陆桥,为我国的经济发展创造了更多有利条件,也积极促进了各国之间的合作关系。

4.1.2　中蒙俄公路的互联互通建设

任何一个经济体的发展都少不了公路基础设施的支撑。公路交通是人们使用最普遍的、通达性最好的、基础设施建设成本最低的陆路交通方式。在蒙、俄铁路设施不太完备的情况下,建设起互联互通的公路网显得尤为迫切。

4.1.2.1　黑河—布拉戈维申斯克公路桥合龙

黑河—布拉戈维申斯克公路桥是中俄两国共同建设的首座跨界河现代化公路大桥。2016 年 12 月 24 日举行建桥开工仪式,2019 年 5 月 31 日完成合龙,桥长 1 283 米,宽 14.5 米,设 4 条车道。大桥每天的通过量约为 630 辆卡车、164 辆客车、68 辆轿车,日均约 5 500 人。随着黑河—布拉戈维申斯克公路桥的开通,俄阿穆尔州与中国之间的年货物周转量可以增加 7 倍——达到 400 万吨。大桥通行也使中国赴俄游客人数大大增加。黑河—布拉戈维申斯克公路桥将黑龙江省黑河市与俄罗斯布拉戈维申斯克紧密连接起来,为中俄之间一条国际运输大通道。

4.1.2.2　中蒙乌力吉公路口岸开工建设

2016 年 10 月 12 日,中蒙乌力吉公路口岸开工建设,该连接线全长 62 千米,坐落于阿拉善左旗乌力吉苏木西北地区,距离北侧边境线大约 500 米。与甘其毛道口岸的距离则为 375 千米;与巴彦浩特的距离为 390 千米;与包兰铁路乌海西站的距离为 440 千米;与宁夏银川市的距离为 500 千米;与石嘴山市的距离为 550 千米;与策克口岸的距离为 380 千米;与临策铁路的距离为 65 千米;与在建状态的临哈高速公路距离为 80 千米。在中国版图上,乌力吉口岸正处在"脊背"的中央位置,而且也是中蒙两国的中心交接处,得天独厚的地理位置与地缘优势,也为乌力吉口岸创造了更多的便利条件,在未来的发展中,口岸及连接线将会逐渐发展成连接欧亚大陆桥、长江经济带、中蒙俄三国的便捷通道。其为"一带一路"倡议的实施打下了坚实的基础,也是三大欧亚大陆桥的主要枢纽,对中蒙俄三国的发展具有重要的价值意义。

2004 年,乌力吉口岸开始了开放申报工作,直至 2014 年 2 月 21 日,蒙方允许开放中蒙乌力吉—查干德勒乌拉口岸。2016 年 1 月 31 日,经国务院批准,我国正式宣布对外开放内蒙古乌力吉公路口岸,从某种程度上来看,其实质为双边常年开放的公路客货运输口岸。迄今为止,乌力吉口岸经过长时间的发展与探索,已经由最初的申报阶段,逐渐转向为开发建设阶段。根据相关资料显示,有 14 项乌力吉口岸建设项目在 2016—2018 年实施,总投资约 14.9 亿元。

4.1.2.3　蒙古国乌兰巴托至贺西格新国际机场公路项目开工

2016 年 5 月 6 日,蒙古国乌兰巴托至贺西格新国际机场公路项目正式开工,这是蒙古国正式开工建设的首条高速公路。该项目的起点为雅尔马格收费站,将贺西格国际机场连接处设为终点,公路全长共计为 30.4 千米,是双向 6 车道高速公路,也被称为"中蒙友谊之路"。该项目不仅可以促使蒙方的公路网络更加完善,加强两国的贸易合作,也在基础设施建设方面取得了更多的突破成就,促进双方贸易合作关系的全面发展步入全新的发展轨迹,并对中蒙两国的合作共赢具有重要影响。

2013 年 11 月,二连浩特到乌兰巴托的公路正式开通,全线总长 660 千米,与中俄纵向主干道相连,对中国、蒙古国以及俄罗斯的贸易合作具有重要作用,也显著促进了经济走廊的建设,积极响应了"一带一路"倡议。最近几年,中蒙两国之间的贸易关系越来越密切,我国二连浩特口岸也得到了迅速发展,无论是进出口货运量还是出入境人数,均呈现快速增长趋势,单纯的公路和铁路运输已经难以满足中蒙互联互通的多层次需求。2018 年二连浩特机场国际航站楼建成并正式启用,开通了发往乌兰巴托的国际航线。乌兰巴托至贺西格新国际机场公路项目的快速推进为中蒙俄空中"丝绸之路"构想的实现提供了重要保障。

4.1.2.4　甘其毛都至临河一级公路通车

2019 年 3 月 12 日,位于中蒙边境的 242 国道甘其毛都至临河一级公路正式通车。根据我国出台的《"十三五"现代综合交通运输体系发展规划》可知,在"十纵十横"综合运输通道中,242 国道是第七条纵向综合运输大通道,北起内蒙古过货量最大的陆路口岸——甘其毛都口岸,南至南海之滨——广西钦州,全长 2 700 千米左右。242 国道甘临一级公路全线都在巴彦淖尔市内。全长 213 千米,甘其毛都至临河一级公路总投资额为 42.3 亿元,全长 183 千米。工程于 2015 年 8 月开工建设,2018 年 10 月主体完工。该项目的完工,有效促进了口岸发展,强化对外开放程度,增进两国的经贸关系,加强双方之间的文化交流具有一定的现实意义。

4.1.3　中蒙俄互联互通的制度建设

4.1.3.1　简化通关过境流程

综合当前的发展状况来看,中蒙俄三国为了促进贸易发展,致力于构建统一的国际货运过境标准,这为三方的边境公路网联通提供了有力保障,减少了其他因素的干扰。2016 年,我国正式以缔约国的身份,签署了《国际道路运输公约》,从 2017 年 1 月 5 日起,我国开始全面推行公约标准,严格按照标准要求执行。在此之前,蒙俄两国均已经成为国际道路运输联盟的一员。该组织成立于 1948 年,总部设立于日内瓦,并构建了国际道路运输公约(TIR)体系,要求缔约国成员,实施统一的货运海关过境流程,现阶段参与的国家已经达到 100 多个。通过对 TIR 体系进行分析后发现,该体系主要采用的是"单一过境文件",无论是企业还是运输车辆,只有得到批准才可使用。在过境的时候,只需要对海关关封进行审查,并且对集装箱以及货舱进行检查即可过关。该体系对国际货运也产生了有利影响,极大地减少了风险因素,提高了信息的准确性,因为无须耗费过多的等待时间,各国的运输成本也会随之减少,具有较佳的安全性与便捷性,这也有效促进了国际贸易的发展,并为其扫清了许多阻碍因素。

4.1.3.2　中蒙俄三国签署《关于沿亚洲公路网国际道路运输政府间协定》

2016 年 12 月,中蒙俄三方领导人经过会晤后达成了共识,联合签订了《关于沿亚洲公路网国际道路运输政府间协定》(以下简称《协定》)。该文件的签订,对三国的互联互通产生了积极影响,同时在国际道路运输的发展中,也起到了重要的示范意义,并为之提供了很多便利条件。

2019 年 7 月 3 日至 4 日,中蒙俄三方代表团和联合国亚太经社会代表在内蒙古满洲里市举行了《协定》联委会第一次会议,中方提出要深入贯彻落实三方领导人达成的共识,推进"一带一路"倡议的深化发展,使三方战略规划相对接,支撑中蒙俄经济走廊建设。而蒙方将加快亚洲公路网 3 号线和 4 号线(AH3、

AH4)境内段的基础设施建设和升级改造。会议期间,与会人员审议确定了《协定》国家代表,发放了基于 AH3 线路的 2019 年行车许可证、确定了 AH4 线路的开通时间,并就召开联委会第二次会议、不定期旅客运输和其他国家加入《协定》的可行性等事项进行磋商。其间,中方代表团分别与蒙方、俄方就中蒙国际道路运输有关协定的修订和中俄危险货物国际道路运输有关事项进行了磋商交流。中国北方陆港国际物流有限公司、大连交通运输集团获得了国际道路运输行车许可证。

4.1.3.3   在黑龙江建设公共物流枢纽平台

2016 年 5 月,哈尔滨传化公路港正式开工,黑龙江的目标是将其打造为东北亚经济枢纽。哈尔滨传化公路港总占地面积达 59 万平方米,并且构建了多个功能模块,其中包括物流信息交易中心、仓储配送中心、货运班车总站以及智能车源中心等。一期工程于 2017 年 10 月正式完工并已试运营。该项目不仅是综合保税区与哈尔滨新区的拓展延伸,而且也对哈欧班列与哈绥俄亚陆海联运起到了重要的补充作用。在今后的发展中,哈尔滨将会聚集大量的国际物资,与东北三省共同联通,对全国经济发展产生重大影响,甚至会对东北亚地区产生辐射作用,从而促进与国家战略方针的充分融合。

4.1.3.4   俄、蒙的交通合作

蒙古国原总统巴特图勒嘎在参加 2017 年蒙俄商务论坛时,蒙方向俄罗斯提出修建塔温陶勒盖至赛音山达铁路线建议,以便于向外界出口煤炭。在巴特图勒嘎访俄期间,俄方向蒙古国表示,可以为该国煤炭出口提供出海口,即向蒙古国提供东方港以供其使用。

4.2   能源资源的合作

4.2.1   石油、天然气的合作

能源资源合作是中俄合作的基本盘,因为俄最大的优势禀赋就是能源资源,其中石油和天然气是中俄合作的重点。

在独联体和中亚地区,俄罗斯和哈萨克斯坦是中国石油产业最主要的合作伙伴。俄罗斯是金砖五国的成员国之一,是世界有影响力的能源大国,是中国最重要的战略伙伴。在中俄的贸易合作中,最重要的就是能源项目,如东西伯

利亚至太平洋管道项目。该项目是两国之间的重要合作内容,甚至已经上升到了国家层面。自 2011 年起,俄罗斯通过该管道向中国运输石油,每年大约为1 500 万吨,期限为 20 年。截止到 2018 年,俄方为中方提供的原油累计达到了7 149 万吨,同比升高了 19.7%,在"中国原油最大供应国"的排列中,俄罗斯已经 3 年蝉联第一。

2014 年,中俄双方通过长达 10 年的谈判最终签订了《中俄东线天然气购销合同》,合同规定俄罗斯从 2018 年起通过东线管道向中方输送天然气持续 30年,最终达到每年 380 亿立方米,预估合同价值超过 4 000 亿美元。中俄东线天然气管道工程是世界规模最大的天然气管道工程,2015 年 6 月开工,2017 年 12月 13 日全面建成。

2013 年 9 月,中国石油天然气集团与俄诺瓦泰克公司正式签署了入股亚马尔项目的最终协议,中方参股 20%。2016 年 3 月,中国丝路基金斥资 10.87 亿欧元,获得该项目 9.9% 的股份。其中诺瓦泰克公司控股 50.1%,法国道达尔参股 20%。2017 年 11 月,中国天然石油集团与俄诺瓦泰克公司共同合作,联合签订了《中国石油天然气集团公司与诺瓦泰克公司战略合作协议》。该协议的签订,积极促进了亚马尔液化天然气项目的发展,加强了双方之间的合作关系。按照协议内容,双方将会围绕该项目进行深入合作,共同致力于北极液化天然气二号项目的开发,探讨该项目的可行性与社会价值,双方之间及时交流合作经验。2018 年 11 月,亚马尔项目启动第三条 LNG 生产线,提前实现了年产量 1 650 万吨的计划产能。

4.2.2 矿产资源的合作

俄罗斯幅员辽阔,资源极其丰富,它是世界上唯一的各类自然资源都能够自给的国家。其大部分矿产资源都集中在远东地区,该地区已探明的矿产资源达到 70 多种,其中煤炭资源储量占全国的近 40%。中俄矿产资源合作的主要方式是投资。矿产资源开发是当前中方对俄方的重要投资项目。中国有色金属建设股份有限公司(NFC)参股位于布里亚特共和国的东西伯利亚金属公司属于目前中国在俄投资的几个大项目之一。在内蒙古蒙东能源有限公司(后股权转让给了辽宁西洋集团)对俄别列佐夫铁矿的投资,和额尔古纳市金都矿业公司对俄永达拉果铅锌矿的投资中,中方累计投资 9.63 亿美元。

2008 年国际金融危机爆发后,随着中国煤炭进口市场的进一步放开和俄罗斯国家能源战略的实施,两国在煤炭领域的合作开始进入"蜜月期"。通过海运和铁路等运输方式,两国煤炭贸易量不断提高。从 2009 年开始中国自俄罗斯进口的煤炭数量开始破千万吨,为 1 178 万吨;2010 中国从俄罗斯进口煤炭总量为 1 159 万吨;2013 年两国煤炭贸易量为 2 727.92 万吨;2017 年中国从俄罗斯进口煤炭量达到创纪录的 2 807.45 万吨。俄罗斯成为中国第四大煤炭进口来源国(中国进口煤炭量排名前三位的国家依次是印度尼西亚、澳大利亚和蒙古国)。此外,2012—2017 年,为提高两国煤炭合作新水平,两国贸易谈判代表分别在莫斯科和北京先后签署了《煤炭领域合作路线图》及《合作工作组会议纪要》,双方合作的路线图在持续扩大,与此同时也不断增加了合作项目,合作模式逐渐创新。双方不仅积极拓展了合作领域,新的合作共识也在不断达成。

矿业是蒙古国经济发展的重要支柱产业。2017 年其矿业产值 9.386 万亿图格里克,同比增长 32.8%,占工业总值的 72.5%。蒙古国矿产品出口占出口总额的 62.74%。自 1998 年中国成为蒙古第一大投资国以来,中国对蒙古国的投资基本呈现逐渐增加的态势。中国对蒙投资的核心是矿产业,因为蒙古矿产资源如铜矿、金矿、煤矿、铀矿和石油等储备存在于其与中国交界的东、南、西部各省,这也为与中国的矿产资源合作提供了便利。从两国贸易商品结构看,矿产品是蒙古国对中国出口的主要商品。这些矿产品主要包括铜精矿粉、煤炭、铝矿石、原油等。从中国对蒙古国矿产资源的投资来看,中蒙两国合作发展速度较快。2004—2011 年中国对蒙古国该领域投资额增长了 5.4 倍,达 4 亿美元,占总投资的 70% 以上。目前,中资企业在蒙古国投资的矿种主要有金、铅、锌、铁矿石、煤和石油。中国对蒙古国矿产投资的企业也有许多大规模的公司,其中包括中色股份、首钢集团、包钢集团以及中国石化集团等。

4.3   双边贸易的开展

4.3.1   中俄开展的双边贸易

4.3.1.1   中俄贸易水平及地位

在 20 世纪 90 年代初期,经历了苏联解体,中俄经贸处于低谷状态。自从步入 21 世纪,经贸总额呈跨越式增长趋势。1992 年,中俄经贸总额仅有 58.6 亿美元,至 2001 年,已经突破了百亿美元,2014 年时甚至达到了 952.8 亿美元,在短短 20 余年的时间内,增长速度飞快。从总体上来看,呈现为持续上涨的趋势(图 4 - 1)。2009 年,由于受到国际金融危机的影响,也产生了短暂负增长的情况,但是并未对中俄经贸水平产生过多影响。2015 年,国际形势动荡不安,中俄经贸额开始迅速下降,相比于 2014 年降低了 28.6%,仅为 680.7 亿美元,产生这种问题的主要原因是在爆发了乌克兰危机之后,在美国等西方发达国家的领导下,多国共同对俄罗斯采取了经济制裁,导致其国内许多资本外逃,货币也全面贬值。在国际市场上,原油价格始终处于低迷状态,严重加剧了俄罗斯的经济恶化。由此一来,俄方对外贸易缩水情况十分严重。直至 2016 年,中俄经贸水平逐渐开始增长,俄罗斯也提出了"向东看"战略,同时也加强了对亚太地区新兴经济体合作的重视,中俄经贸水平呈现出了良好的发展趋势。

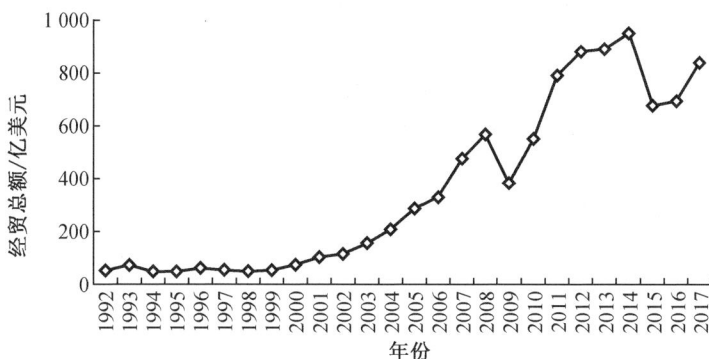

图 4 - 1　1992—2017 年中俄经贸总额曲线图

从 2010 年开始,中国就已经成为俄罗斯的第一大贸易伙伴国,2011 年之后,在中国的贸易合作伙伴中,俄罗斯也始终排在前十位,虽然中俄贸易额呈现为递增的趋势,但是与其他大国的经济体量相比要低一些。2015 年是中俄贸易比重占俄罗斯对外贸易比重的历史最高点,甚至达到了 12%(图 4 - 2)。然而,在中国的对外贸易比值中,相比于中韩、中日的贸易水平来说,中俄贸易所占比值相对较低。所以,为了促进两国的发展,必须致力于提升中俄的贸易水平,积极拓展各项贸易业务,从而挖掘出更多的发展空间。

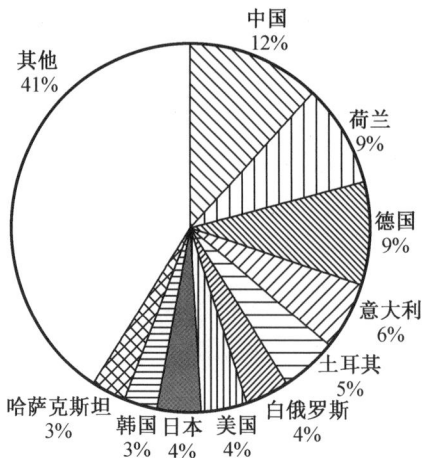

图 4 – 2   2015 年俄罗斯前十大贸易伙伴国所占份额

4.3.1.2   中俄贸易结构

中国与俄罗斯是邻国关系,在开展经贸合作业务的过程中,这种关系也为中俄贸易带来了更多的地缘便利。现阶段,中俄经贸商品结构比较完善,与两国国情基本契合。通过对中俄经贸结构进行分析后发现,其具有十分明显的互补效果,因我国是制造业大国,在国际上具有重要影响力,"中国制造"更是享誉世界。而俄罗斯则是国际上重要的能源大国,在对外贸易出口业务中,占比大的主要为资源类商品,从总体上来看,品种结构相对单一。双方具有明显的贸易互补——俄罗斯的制造业产业非常低,而中国出口的商品正好可以弥补俄罗斯的不足,俄罗斯也可以为中国提供高端军工产品,以及一些以能源为核心的自然资源。因此,从根本上来看,中俄经贸结构具有良好的互补性。俄国出口到中国的商品基本上均为能源类商品,包括木材、油气、矿产品等,所占比例超过了80%(图 4 -3),从中国进口的是一些日用消费品(图 4 -4)。而在俄罗斯市场上,中国制造的高端产品所占份额并不重要,因俄罗斯的高端工业产品的进口基本上均源自西方发达国家。

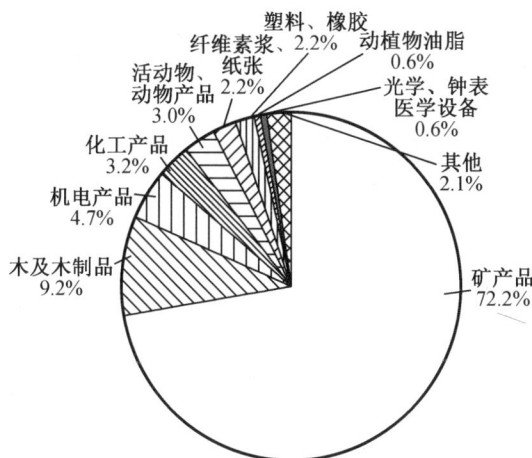

图 4 - 3　2017 年 1—6 月俄罗斯对中国出口主要商品构成

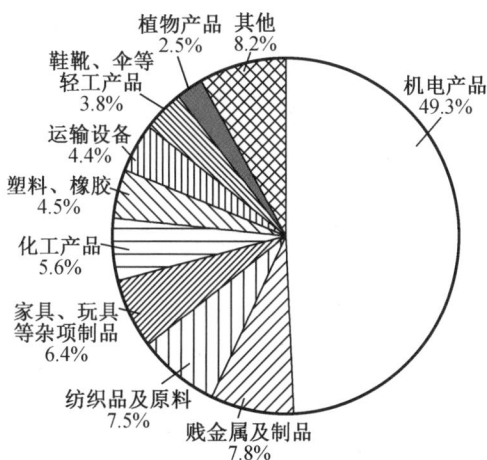

图 4 - 4　2017 年 1—6 月中国对俄罗斯出口主要商品构成

4.3.1.3　中俄边境贸易的发展

中俄两国贸易往来已有 400 多年历史,虽有官方层面的短期中断,但民间边境贸易往来却持续进行。在两国的经贸合作业务中,边境贸易合作对双方是至关重要的,也是不可缺少的组成部分。从古至今,中俄边境地带的贸易往来十分密切。现阶段,我国已经在很多地区建立了面向俄罗斯的边境口岸,包括满洲里、珲春、绥芬河以及黑河等。在此期间,中俄还共建了中俄绥芬河互市贸易区,这也是中俄两国政府外交换文确认的首个全封闭式贸易区。据中国海关统计,2003年中俄边贸进出口额达到35.2亿美元,占当年双边贸易额157.6亿美元的22.3%,占全国边贸进出口总额77.8亿美元的45.2%。2005年,两国地区和边境贸易占双方贸易总额的30%左右,边贸额已经达到了55.7亿美元,同比增长了32.7%。与此同时,边境地区经贸合作也发生了重大变化,不再是单一的易货贸易,而是逐渐扩大到了经济技术与投资合作等众多领域,并且迅速构建出了科技成果产业园区等相关设施,各项创新业务的推出,促进了两国之间的业务往来。2016年,绥芬河互市贸易区的交易额已经超过了4.23亿元,过货量也达到了1960车,同比增长了86.3%;在交易活动中,参与人数达到了8万人次以上,同比增长了148%。交易商品主要包括以下几种:巧克力、饼干、糖果、蜂蜜、面粉、水产品以及饮料等,过货额也超过了3.83亿元,相比于2015年,增长了51%。通过这些我们可以发现,中俄边境贸易呈现迅速发展趋势,极大地促进了地区经济发展,为劳动力提供了更多的就业岗位。除此之外,在满洲里—后贝加尔口岸处,两国联合进行边检,旨在使口岸通关问题得到有效解决。

4.3.2　中蒙开展的双边贸易

受到民族与地域问题的影响,中蒙在发展双边贸易时,具有得天独厚的优势,从20世纪90年代中蒙两国关系正常化以来,两国经贸关系就一直朝着持续健康的方向发展,边境贸易发展逐步加快,尤其是在最近几年,两国之间的交往密切,领导人之间经常互动,如基于平等互利的条件下,签订了一系列的合作文件与协议,有效促进了双方经贸的发展,并创造了更多的有利条件。两国经贸发展也呈现出了良好的发展趋势,其中可体现为合作项目越来越多、贸易总量逐渐增长、合作领域逐渐增多等方面。

4.3.2.1　中蒙贸易水平及地位

1990年,中蒙经贸额仅有3 360万美元。随着中蒙关系不断深化,中蒙经贸额开始呈现为逐年递增趋势,1992年已经达到了1.27亿美元,至1999年,更是达到了2.86亿美元。同年,蒙古国的最大贸易合作国不再是俄罗斯,而是中国。2006年,中蒙贸易额已经超过了15亿美元,共计为15.81亿美元;2010年达到了39.84亿美元;2011年突破了64.3亿美元。蒙古国当年的对外贸易总额为110亿美元,其中中蒙经贸额占据了58%。2011年,中国对蒙古国的出口额共计达到了27.3亿美元;2014年突破了67.03亿美元,占蒙古国年度对外贸易总额的62.3%,两国经贸额迅速增长(图4-5)。在二十余年的时间里,中蒙

经贸额增长了 200 倍。在此之后,两国贸易额开始有所下滑(图 4-6),相比于
2014 年,2015 年降低了 20.17%,共计达到了 53.51 亿美元;2016 年同比下降了
13.85%,只有 46.1 亿美元。这种现象的产生是在国际市场上,大宗商品的成
交价格持续下降而导致的。

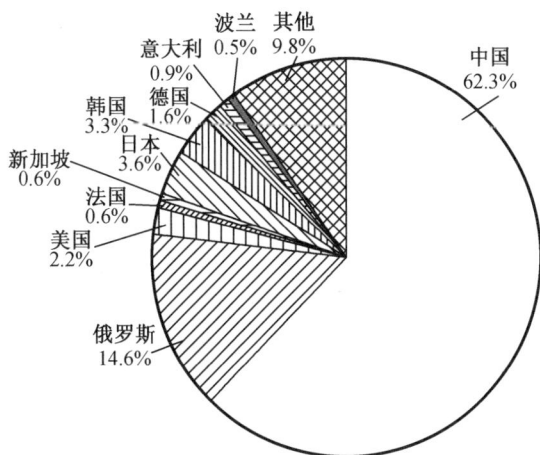

图 4-5　2014 年蒙古国主要贸易伙伴国所占份额

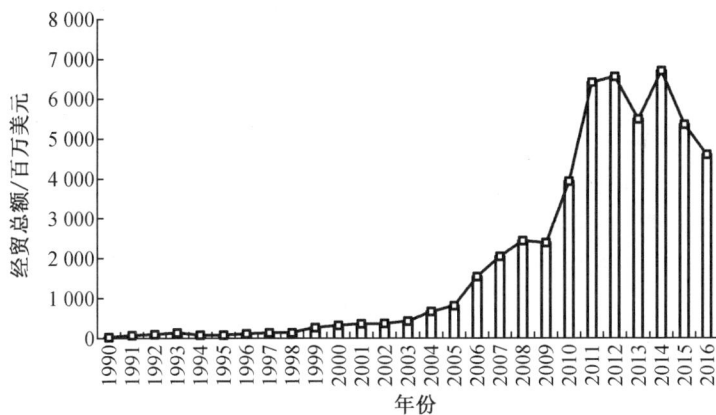

图 4-6　1990—2016 年中蒙经贸总额概览

随着中蒙经贸的迅速发展,也出现了双方贸易失衡的情况,具体体现在中
蒙进出口贸易额不协调等方面。1999 年以后,中国从蒙古国进口商品开始持续
增长,主要进口蒙古国的矿产资源和畜牧产品。虽然至今中国已连续多年成为
蒙古国第一大贸易伙伴国,但直到 2011 年,中国才是蒙古国的第一大进口来源

国。由此可以得出,过去一段时间,蒙古国在对中国的进出口贸易合作中,始终呈现为出超状态,即使中国后来不断发展,也仍旧体现为入大于出,对蒙贸易呈现为入超状态(图4-7)。长时间以来,中国的对外贸易对象中,对蒙古国的贸易逆差早已变成了惯例,双方的不平衡问题越来越严重。究其原因,是蒙古国的人口相对比较少,进口商品数量也是十分有限的。

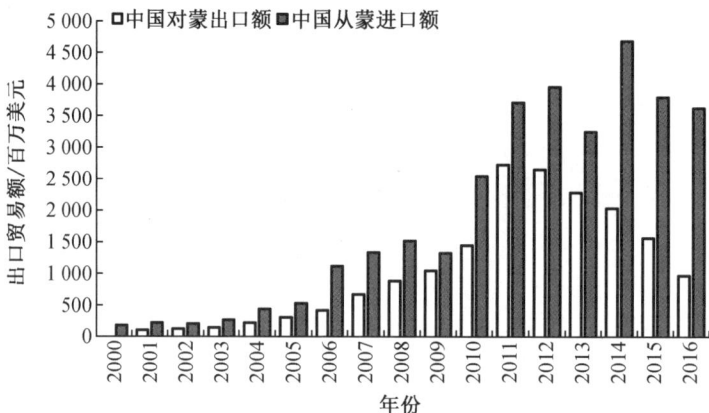

图4-7　2000—2016年中蒙经贸进出口贸易额

4.3.2.2　中蒙贸易结构

两国的经济水平与综合国力是截然不同的,甚至存在非常大的差异。众所周知,蒙古国拥有丰富的资源,地广人稀,但是其发展十分落后,不具备强大的经济基础,若想促进蒙古国经济的发展,必须要具备更多的技术、人才与资金支持。在国际社会上,近年来中国GDP稳居世界第二,从整体上来看,中国的资源分配并不均衡,虽然具有丰富的劳动力资源,但自然资源相对来说却比较缺乏。随着中国经济的迅速发展,再加上经济总量持续增长,我国在很大程度上会依赖海外资源。因此,通过对比两国国情后可以发现,我国对资源有着迫切的需求,而在蒙古国拓展国际市场的道路上,中国是其可选择的主要目标。无论是商品结构还是产业结构,双方均存在极强的互补性,经贸关系也具有非常强的依存性;同时两国又互为邻国,地理位置接近,中国投资开发蒙古国矿产具有得天独厚的优势,因此双方开展贸易具有较为牢固的基础条件。

从贸易数据上看,蒙古国对与中国贸易的依赖性非常强。这种依赖性的增强主要体现为两点。首先,蒙古国的商品出口业务所面向的基本上是中国。最近几年来,在蒙古国的出口总额中,向中国出口的商品额早已超过了总比例的90%。例如,2015年,蒙古国对中国出口的商品中排名前几位的主要有铜矿精粉、原煤以及铁矿石。其中,铜矿精粉的出口量共计为51.65万吨,贸易值共计为6.2亿美元;原煤的出口量共计为397.9万吨,贸易值共计为2.4亿美元;铁矿石的出口量共计为25.6万吨,贸易值共计为1.2亿美元(图4-8)。而从另一角度来说,蒙古国以上几种商品的出口仅面向中国。除此之外,蒙古国出口到中国的石油原油超过其出口总量的90%,许多畜牧商品也是面向中国出口的。因此可以得出,蒙古国对中国的出口贸易具有很强的依赖性。其次,在蒙古国的总外贸比中,蒙古国从中国进口的商品越来越多,并呈现逐年递增趋势。自2011年之后,中国始终占据了蒙古国第一大进口来源国的地位。中国出口到蒙古国的商品基本上涉及了方方面面,其中包括各类运输工具、粮食、建筑材料、果蔬产品以及轻工产品等(图4-9)。随着双方贸易的逐渐增多,蒙古国对中国的依赖性也越来越强,面对这一发展现状,蒙古国许多人民表示担忧,如果对一个国家产生了较大依赖,将会对本国经济发展构成巨大威胁,当中国降低了对蒙古国的贸易需求,将会严重影响到蒙古国的经济水平,甚至会造成不可挽回的局面。

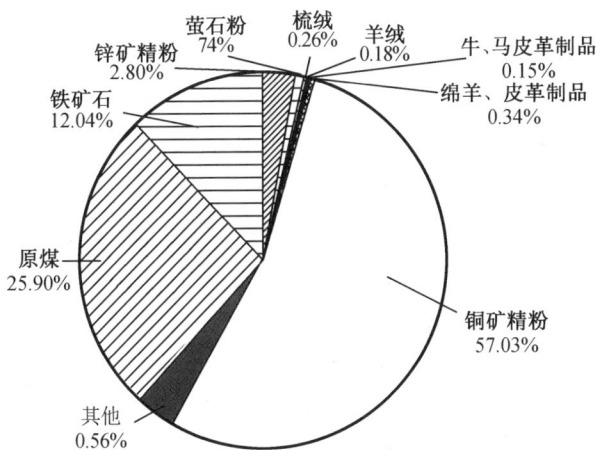

图4-8 2015年蒙古国对中国出口主要商品构成

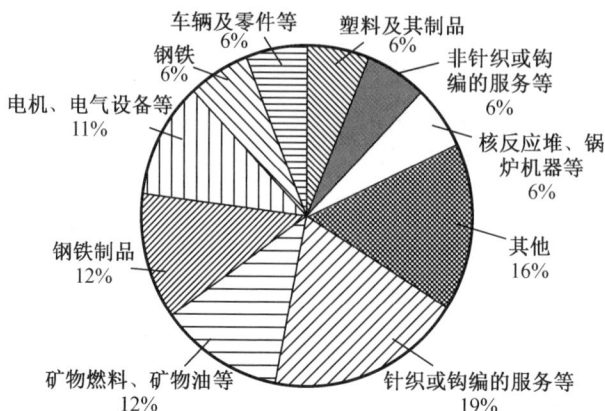

图4-9　2015年蒙古国从中国进口主要商品构成

4.3.2.3　中蒙边境贸易的发展

中蒙的双边贸易最早起源于边境贸易。从1986年起,中蒙两国加强了贸易合作,双方联合签署了《中蒙边境贸易议定书》,当年边境贸易总额就已经突破了6.38亿图格里克。1989年,更是超过了594.41亿图格里克,而1993年则是达到了4 576.96亿图格里克,在短短几年的时间内,贸易总额就已经增长了6.7倍。

在中国内蒙古自治区内的中蒙边界线长3 210千米,中蒙两国的边境贸易在20世纪80年代初得以逐步开展。1992年中国实行了延边开放政策,划定了13个延边开放城市,内蒙古占有两席,均是中蒙边境城市。借助于国家对延边城市的开放政策,内蒙古的边境贸易开始蓬勃发展。1991—1995年,中蒙边境贸易总额达到了22.03亿美元;1996—2000年,中蒙边境贸易总额为26.13亿美元。在这几年的时间内,迅速增长了27.9%。自从进入21世纪之后,边境贸易发展也迎来了崭新纪元,2000年的边境贸易总额为20.36亿美元,直至2017年,已经突破了44.7亿美元,总量增长了220%。

为了促进边境贸易的发展,内蒙古自治区加强了边贸基础设施的建设。2016年9月,内蒙古二连浩特边民互市贸易区正式开始试运营,这也是第一个边民互市贸易区。二连浩特是我们国家重点开发的开放试验区,也是第一批全国沿边开放城市,本市所拥有的边贸共计为2 000多家,在中蒙贸易总额中,其对蒙贸易份额占据总比例的70%。二连浩特边民互市贸易区的占地面积为10万平方米,投资总额为3.5亿元,其中设立了边民互市贸易区、电子商务服务平台、物流配送区、跨境综合商务服务系统以及蒙古口岸购物旅游服务区等。现阶段,如果在园区内购物低于8 000元人民币,可以不缴纳进口关税以及进口环节税。

针对边民互市贸易区而言,主要采用了政府、联检部门以及企业联合管理的方式,在政府的领导下,企业实现自主经营。贸易区为扩大中蒙边境贸易搭建了重要平台。中蒙两国为促进边贸市场的发展,逐渐提高管理力度,对边贸秩序进行严格规范,贸易结算方式也发生了变化,不再是之前的易货贸易,而是现汇贸易。最近几年,由于人民币汇率稳定增长,在双边经贸中,人民币作为重要的支付与交易媒介,也受到了蒙古国的广泛认可,而人民币跨境流通也越来越多,逐渐形成了一定的发展规模。

此外,中蒙边境贸易的形式也有了新发展。中蒙边境贸易走过了几个重要时期,从原先的"手语市场"到如今的互联网"手指市场",贸易方式发生了巨大变化。20世纪90年代初,来自蒙古国、俄罗斯及东欧各国的商人同中国各地商人集聚在二连浩特进行交易,人们之间语言不通,就用手势达成交易,被人们称为"手语市场"。后来,中国商人几乎学了一些商用蒙古语,蒙古国顾客也会说一些简单的汉语,就这样手语很自然地被口语所代替。如今,互联网订单成了中蒙两国边境贸易的新趋势,买卖双方通过互联网交流、订货、发货,即使从未见面,也能把生意做成,交易效率大幅度提高。

4.3.3 俄蒙开展的双边贸易

苏联解体后,蒙古国与俄罗斯经贸关系总体呈下降态势,2000年以前的下降是断崖式的,2000年以后基本处于低水平阶段,蒙俄贸易在俄罗斯和蒙古国对外贸易的比重非常低,尽管在2017年有所提升,但仍处于较低水平的发展阶段。俄罗斯占蒙外贸总额比重已从1990年的80%逐年降至2015年的13%,2016年世界矿产品价格的一路走低,加之中国对蒙古国矿产品需求的减少,导致蒙古国对外贸易减少,其中与俄罗斯的贸易额为9.36亿美元,占蒙古国对外贸易总额82.8亿美元的11.30%。2017年蒙古国与俄罗斯贸易额是12.87亿美元,占蒙古国对外贸易总额105.38亿美元的12.2%左右。蒙俄双边贸易总额占蒙古国对外贸易总额比例不高,但2017年的双边贸易额比2016年增加27.2%,增加幅度较大,而且贸易逆差加大。这反映出蒙俄贸易结构不对称的状况没有根本改变。蒙古国仅在1992年对俄为贸易顺差(贸易顺差约500万美元),之后,蒙古国对俄贸易逆差逐年上升,其中贸易逆差在2012年达到峰值的17亿美元,2013年贸易逆差为15亿美元,占当年蒙古国贸易逆差总额的

71.8%,截至 2018 年 11 月,蒙古国与俄罗斯的贸易逆差为 15 亿美元。这种局面的形成,一方面来自蒙古国对俄石油进口的依赖,目前蒙古国超过 90% 的进口石油来自俄罗斯,传统基础产业设备更新改造依然依赖从俄罗斯进口。另一方面则由于向俄罗斯出口产品的种类单一,蒙古国对俄罗斯出口产品种类日渐萎缩,仅萤石粉和肉制品两类产品就占对俄罗斯出口的 90% 左右。2014 年前,蒙古国只向俄罗斯一个州出口畜产品,2016 年开始增加到 8 个州。2016 年、2017 年和 2018 年,蒙古国牲畜总数超过 6 500 万头,这在一定程度上保障了蒙古国对俄罗斯增加肉类出口。

4.4　中国对俄、蒙的投资与工程承包

4.4.1　中国对俄罗斯的投资与工程承包

2009—2018 年,中国对俄罗斯的直接投资净额如图 4 - 10,除了个别年份受到一些因素干扰外,总体呈上升趋势。这三个特殊的年份是 2014 年、2015 年和 2018 年。2014 年,俄罗斯由于克里米亚事件受到西方世界的强力制裁,导致本国经济的下行和外国投资受阻,中国对俄罗斯的净投资出现了下降;2015 年,受到"中蒙俄"经济走廊战略提出和《中俄关于全面战略协作伙伴关系新阶段的联合声明》发表的刺激,也为了体现中国对俄罗斯的支持,中国对俄罗斯的投资出现了一个爆发式的增长,到达了十年间的一个最高点;2018 年,随着中国经济增长速度放缓和中美贸易争端爆发,中国对俄罗斯的投资量有所下降。

2018 年,中国保持了俄主要投资来源国的地位。在此过程中,投资遍布到各行各业,主要包括林业、家电、能源、建筑建材、服装、农业以及矿产资源开发等。其中秉持着"走出去"的宗旨,服装、工程以及家电公司的发展速度飞快,与此同时,绿地投资项目也越来越多。许多国有知名品牌纷纷在俄罗斯投资建厂,比如海尔、长城汽车以及力帆汽车等。除此之外,在俄罗斯的资源合作开发以及大型工程承包等项目中,我国许多企业也在试图进行股权投资。2017 年,中国石油阿穆尔气体处理厂项目(AGPP)成为中国公司在俄工程领域承揽的单体最大项目,最大天然气年处理量已经达到了 420 亿立方米,每年向中国提供的商品气共计为 380 亿立方米;2019 年 4 月,中国化学工程集团有限公司成功签订了俄罗斯硝基诺化肥项目 EPC 约 4.5 亿美元的合同,10 月,又与俄罗斯天然气开采股份有限公司签署全球最大的乙烯一体化项目——波罗的海化工综合体项目(BCC)合同,合同金额约 120 亿欧元。

　　在高科技、基础设施建设以及传统产业的发展中,两国之间也增进了投资合作,并取得了显著成效。俄罗斯的各项基设施建设项目,例如高铁与公路建设等,已经成为中俄直接投资基金与相关公司进行投资合作的发展目标。2011年,中国中铁正式打开了俄罗斯市场,并迅速占据市场份额。2015年,俄罗斯莫喀高铁勘察设计任务由中铁二院获得,现阶段,该项目正在持续推进中。中铁集团还将继续积极参与分别连通中国黑龙江省、吉林省与俄滨海边疆区的"滨海1号"和"滨海2号"国际交通走廊、中俄联合开发黑瞎子岛以及符拉迪沃斯托克全绥分河高铁等项目。2017年,中国铁建争取到了莫斯科地铁建设合同,主要负责莫斯科地铁第三换乘环线3个车站主体结构以及一些隧道工程的建设工作。2019年,中国铁建再一次争取到了莫斯科地铁第三换乘环线东段约3千米线路盾构施工合同。4月,该公司在俄罗斯承建的首条地铁隧道实现贯通。随后中国铁建俄罗斯公司与俄方公司签署莫斯科地铁项目新合同,负责承建莫斯科地铁西南线项目,项目所涉线路长约6.4千米,投资额高达270亿卢布,约合人民币28亿元。目前,俄远东地区正在进行大规模地开发和建设,基础设施建设是其中最重要的一环。在投资方面,俄远东发展部欲与中国90家国企开展合作,并且已对9家企业展开实际工作。俄罗斯的基础设施升级扩建工程共需992亿美元投资,其中私人投资达509亿美元。目前,俄罗斯正积极吸引私人投资参与公共私营合作制(PPP)项目。为方便投资人快速准确获取项目信息,俄罗斯国家PPP中心搭建了Rosinfra大数据平台,以期国际投资人发掘并对俄罗斯基础设施项目进行投资。2009—2018年中国对俄罗斯承包工程所完成的营业额如图4-11。

　　总之,综合中俄投资合作当前的发展形势来看,目前正处于起步阶段,仍有很多发展潜力。对于中国投资者来说,必须要对俄罗斯的投资政策以及经济发展趋势等有着更加深入的了解,及时掌握俄罗斯的发展状况,从而争取到更多的投资机遇。

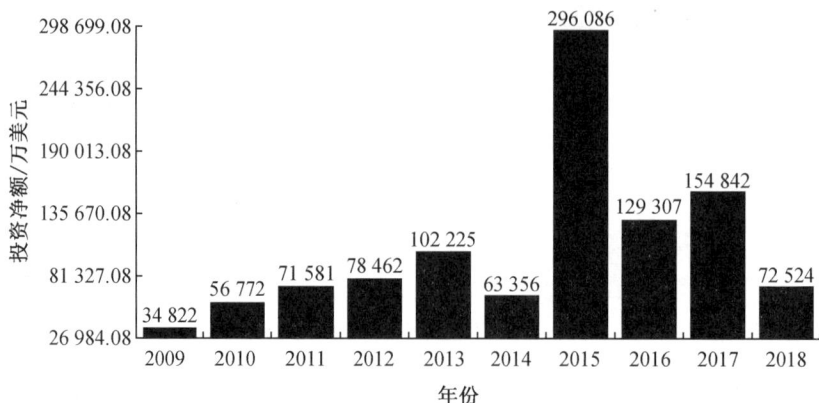

图 4 - 10　2009—2018 年中国对俄罗斯直接投资净额

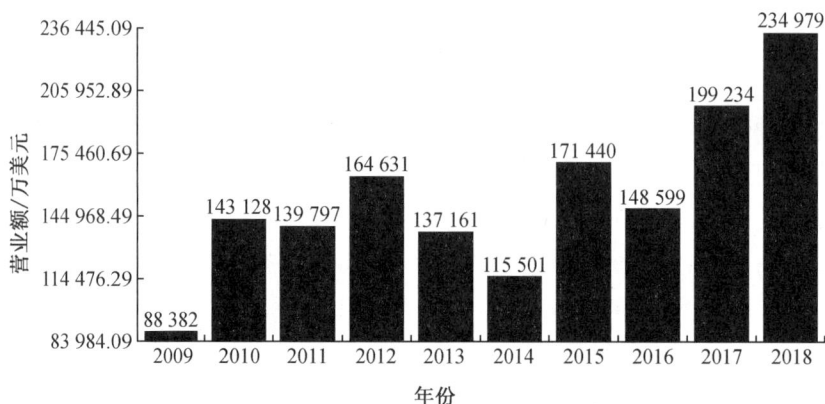

图 4 - 11　2009—2018 年中国对俄罗斯承包工程完成营业额

4.4.2　中国对蒙古国的投资与工程承包

中国对蒙古国的投资业务,基本上体现在矿产资源领域。

2015 年,中国矿产资源类投资主要面向俄罗斯与蒙古国,在"一带一路"相关国家的投资总额中,矿产资源类投资占比达到了 6.6%。按照 Heritage Foundation 提供的数据结果显示,蒙古国吸引中国矿产资源类直接投资额占总比例的95.1%,俄罗斯联邦则占据总比例的4.9%。矿产资源投资本章第二节已经有了详述,本节不再赘述。

2009—2018 年,中国对蒙古国承包工程完成营业额情况如图 4 - 12,总体呈现出先升后降的趋势。根据相关统计结果表明,直至 2017 年 7 月末,在蒙登记注册的中资企业共计6 595家,在其所有的外资企业中,占据半数以上,平时业务往来密切的企业达到1 000余家。对蒙直接投资存量共计41.1亿美元,在该国吸引的外资总量中,占据了总比例的30%左右。此外,签署的工程承包合同额共计156.2亿美元,所创造的营业额达到81.1亿美元。2017年底,中国企业在蒙完成的承包工程业务总价值约90亿美元,包括桥梁、道路、市政、工厂、矿山等一批大型项目。2019年11月4日,使用中国优买贷款,由中国电力建设集团公司负责修建的蒙古国首都乌兰巴托市纳来哈公路升级改造项目也已实现主线临时通车。

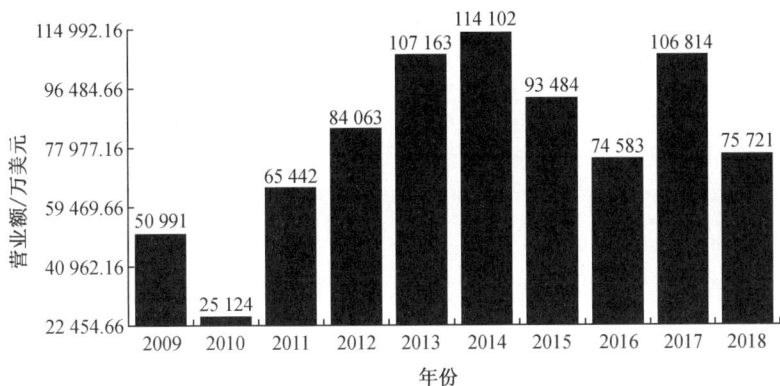

图4-12　2009—2018年中国对蒙古国承包工程完成营业额

4.5　服务行业的对接

4.5.1　旅游服务业的互动及增长

4.5.1.1　中俄间旅游市场的增长

近年来中国的游客数量年均增长15%~20%,2018年中国赴俄游客量达203.7万人次,通过团体免签方式赴俄的中国游客量首次超过100万人次。随着中国居民收入的提高,出国旅游已经成了中国人一种非常重要的休闲方式。俄罗斯因为与中国地域上的接近,以及近年中俄关系的不断发展,成了中国游客的热门旅游目的地。中国游客为俄罗斯旅游业提供相当大的一块市场。俄罗斯西北部联邦管区有一个此处北极圈的城市——摩尔曼斯克,它是俄罗斯著名的英雄城,濒临巴伦支海和白海。近年来这里追寻极光的中国人越来越多。摩尔曼斯克2016年只接待了4 000名中国游客,而这一数字在2019年已接近2万,当年中国游客量占游客总量的20%。根据俄海关总署提供的资料表明,在众多应用俄罗斯境内退税机制的境外公民中,中国公民所占比例达到80%以上。中国游客给俄罗斯带来了巨大的消费额。2018年,俄罗斯举行了世界杯,在此过程中,来自我国游客的退税购物金额已经超过了6.7亿卢布,占当年总比例的71%。中国公民具有强大的消费能力,不但热衷于购买高端商品,而且买得也非常多。在2018年10月,俄罗斯联邦旅游署明确提出,在2017年圣彼得堡与莫斯科的经济发展中,来自中国的零售业高端产业的收入大约为总收入的19%。而且这个趋势方兴未艾。中国游客对俄罗斯珠宝、手表、化妆品、鱼子酱和高端皮草有着非常大的需求。此外,中国游客也非常热衷于购买俄罗斯的琥珀、巧克力以及糖果等产品,在最近几年,随着中国人民生活质量的提升,其对于健康也有着更加迫切的需求,受到这一因素的影响,俄保健品也成了炙手可热的产品。

纵观2009—2015年间俄罗斯赴华人数的变化(图4-13),与其国内生产总值增长率变化的态势(图4-14)相符。继金融危机以后,俄罗斯经济逐步复苏,于2011年达到最高点。这一年也是俄罗斯来华人数最多的一年,达到253.63万人次。2015年,受到乌克兰危机影响而遭到西方世界经济制裁的俄罗斯,在经济上遭受了严重地打击,而当年其来华的人数也是最少的,仅为158.23万人次。随着俄罗斯逐步走出这场危机,其来华的人数又呈现了逐年上升的趋势。2018年,俄罗斯来华人数达241.55万人次,2019年这个数字同比增长13.5%,达260万人次。中国入选2019年最受俄罗斯游客欢迎的五大国家,入境中国目的为旅游的俄罗斯公民占其总数的35%。与此同时,在中俄团队旅游互免签证制度框架下出行的俄罗斯游客达到38.1万人次,仅占俄罗斯赴华总人数的14.6%。据俄罗斯"世界无国界"旅游协会统计,2019年,中国接待俄罗斯游客达65.5万人次,较2018年增长22%。中国最受俄罗斯游客欢迎的省份是海南省,其在2019年接待俄罗斯游客28万人。此外,俄罗斯游客还青睐在北京、上海、广州和香港进行两到三日的转机游。俄罗斯旅游市场最热门的产品包括北京或上海附加海边度假的组合游、无国内航班的观光游(含2~3个城市)以及含国内航班的组合游(含5~10个城市)。俄罗斯游客最感兴趣的城市包括北京、西安、洛阳、苏州、杭州和上海。俄罗斯游客在华人均消费为1 200美元。

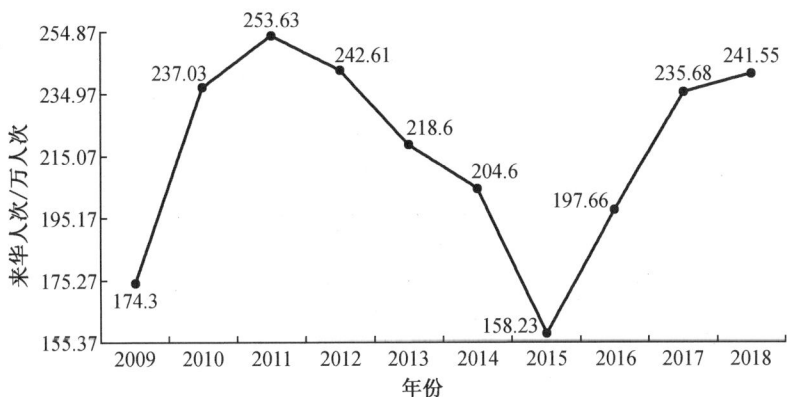

图 4-13　2009—2018 年俄罗斯来华人次

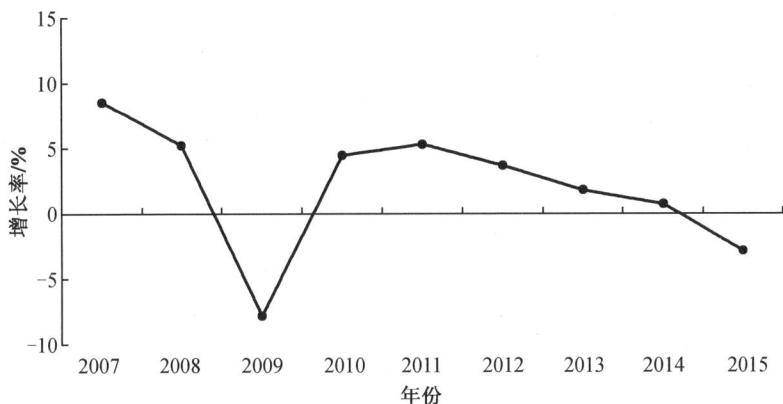

数据来源:国家数据网 http://data.stats.gov.cn/index.htm

图 4-14　2007—2015 年俄罗斯国内生产总值增长率

4.5.1.2　中蒙间旅游市场的增长

蒙古国地域辽阔,位于亚洲中部,领土总面积为 156.65 万平方千米,地势西高东低,平均海拔约 1 580 米,最高峰为乃拉姆达勒峰,海拔 4 653 米,最低点为呼赫湖,海拔 553 米。气候为典型的温带草原大陆性气候,以"蓝天之国"闻名于世。蒙古国除了不见尽头的草原外,还有许多极具民族特色的景点和场所,包括库斯古尔湖、阿尔泰塔奔博格达山、额吉海尔罕、查干高勒等,旅游资源非常丰富。中国游客对蒙古国的民俗文化也十分青睐,这种情况极大程度地促进了中蒙边境游的发展。2014 年中蒙正式确立战略合作伙伴关系。2016 年 2 月,两国联合签订了《中华人民共和国国家旅游局与蒙古国环境、绿色发展与旅游部旅游合作协议》，自此之后，两国之间的旅游交流合作也得到了深化。2018年蒙古国接待外国游客近53万人次，比上一年增加11%，外国游客中超过30%是中国游客，达16.4万人次。多年来，中国始终是蒙古国旅游业的最大市场。蒙古国旅游线路风格多样，特色鲜明。主要包括首都乌兰巴托周边游、"茶叶之路"沿途游、边境地区游、自然风景旅游、小众个性旅游等。目前，共有5家航空公司执行中蒙两国间的飞行任务。其中包括中国国际航空公司以及蒙方4家航空公司。

根据相关统计结果显示，在2009—2015年这段时间内，蒙古国前往中国旅游的人数呈现为递增态势，2015年，源自蒙古国的旅游人数已经突破了101.41万人次。2014年中蒙俄经济走廊计划正式提出以后，2015年开始，蒙古国入境中国的游客出现了激增，并在2017年达到顶点，为186.45万人次，蒙古国入境人数变化趋势见图4-15。

蒙古国一直是中国前10大旅游客源国之一。蒙古公民出境旅行目的地国家中，中国、俄罗斯、韩国名列前三位。2016年，蒙古公民出境旅行最多的九个国家中，赴中国、俄罗斯、日本、美国、德国的游客人数同比增长，赴韩国、香港、哈萨克斯坦、土耳其的游客人数同比下降1.04%～17.2%。2019年第一季度，中国成为蒙古国旅游的首要客源市场，赴蒙游客总数达2.72万；蒙古国则成为中国第七大入境旅游客源市场。

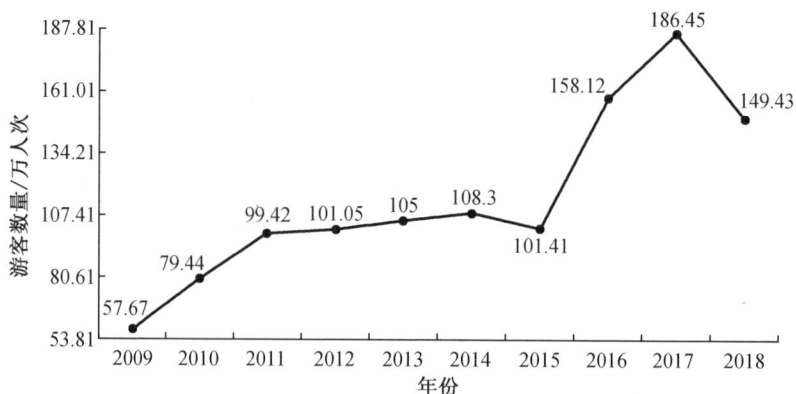

图4-15　2009年—2018年蒙古国入境游客数量

此外中蒙两国旅游业的合作也在不断发展。1991年9月，中国国家旅游局在《关于开展中蒙边境一日游活动的批复》中同意二连浩特市与蒙古国扎门乌德市开展对等交换一日游活动,中国才正式有了对蒙边境旅游业务。随后,1992 年和 2006 年中国国家旅游局先后批复二连浩特中蒙边境旅游 4 条多日游线路,二连边境游便开始逐渐有了起色。近年来,二连浩特开通多条至蒙古国和俄罗斯的境外旅游线路,并与蒙俄合作,在联合促销、客源互送等方面取得一定成效,二连海关出入境人数每年都超 200 万人次。如今,边境游已成为二连浩特的支柱产业之一。与以前相比,现在通关手续、通关速度都快了不少,导游的素质也有很大提升。而且现在旅游产品也呈现为多元化的趋势,旨在吸引更多游客的关注。

4.5.1.3　俄蒙间旅游市场的增长

2014 年蒙古国与俄罗斯互免签证后,2015 年开始,俄罗斯与蒙古国之间的旅游人数逐渐增加,根据蒙古国国家统计局网站公布的数据显示,2017 年入境蒙古国的外国总人数为 542 700 人,其中俄罗斯公民占 20.3%,位居第二,比 2016 年增加 27%。据蒙古国国家统计总局消息,2018 年第一季度入境蒙古国游客人数达 75 000 人次,同比增长 11%,其中 36% 来自俄罗斯,增长了 28.8%。

4.5.2　中俄、中蒙间劳务贸易的发展

4.5.2.1　中俄间劳务贸易的发展

俄罗斯营商环境中存在的一个严重的问题,即为人力资源短缺。对于具有一定的特殊性质的生产部门来说,其通常选择在人迹罕至之地进行生产。虽然俄罗斯为了促进投资发展付出了很多的努力,例如加强基础设施建设等,但是许多年轻人还是选择离开,企业也面临招工难的局面。寻求移民和劳务输入理应是当地发展的首选。所以在中俄的劳务交流中,中国是劳务净输出国。

最近几年以来,中国向俄罗斯远东输入了大批的专家与工人,中国劳动移民基本上涉及了各个领域,其中包括建筑业、工业、贸易、林业以及农业。时至今日,由于俄联邦经济增长不均衡,中国劳动移民面临的发展境遇也存在许多的差异。

2000 年之后,基于经济发展的情况,俄联邦逐渐吸引了大量的中国劳动力,并且呈现为递增趋势。在 2000—2008 年这段时间内,中国劳动移民数迅速增长到了 28.17 万人。在此过程中,位于远东与外贝加尔地区的中国劳动人员的合法人数上涨了 5 倍。中俄关系的迅速发展,对中国劳动移民的快速增长也产生了一定的促进作用。2008—2009 年,由于受到金融危机的影响,俄罗斯经济

开始呈现下滑趋势。同时在各项管理措施的共同作用下,俄罗斯也提高了对劳动力配额限制制度的要求,因此在俄罗斯的社会经济发展中,中国劳动力人数所占比例呈现为下降趋势。最初下降幅度并不明显,根据俄罗斯提供的数据结果表明,在俄联邦境内,相比于 2008 年,2009 年的中国劳动移民迅速下降到了 26.99 万人,同比后降低了 4.2%。除此之外,各项就业限制制度对外国劳动力提出了更严格的要求,相比于 2009 年,2010 年中国劳动力人数减少了 8.34 万人,同比后发现下降了 33%。根据官方提供的数据显示,金融危机过后,2010—2013 年这一期间内,在俄罗斯的中国劳务劳动力人数并没有过多地变化,始终保持在 7.0 万—7.7 万人这一范围内。在俄罗斯境内,中国的劳动力人数持续减少,2015 年上半年,中国劳动力数量仅有 5.83 万人,与 2014 年同比降低了 20%,与 2013 年同比则降低了 25%。这一逐年递减的趋势在 2011—2018 年中国对俄罗斯劳务合作派出人数的描点图(图 4 - 16)中清晰可见,在 2016 年达到最低点。

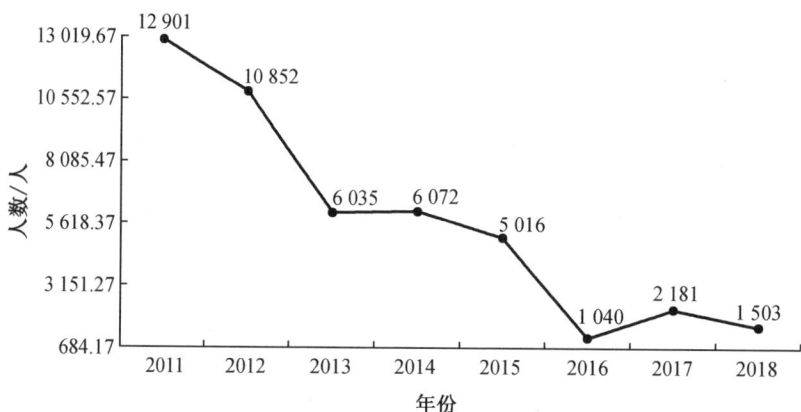

图 4 - 16　2011—2018 年中国对俄罗斯劳务合作派出人数

中国人在俄罗斯境内居住的时间与其移民、回国计划之间具有双向依赖的关系,中国人在俄罗斯居住的时间越长,返回中国的概率就越低。由于俄罗斯是一个严重缺乏劳动力的国家,我国东北地区与之相邻,受到经济发展的影响,在短期内我国很多劳动人民会选择赴俄远东。所以,我们可以得出,中国赴俄罗斯短期临时劳务移民将会呈现为增长趋势。

从整体上来分析,对于中国移民来说,俄罗斯并不具有足够的吸引力,因此在俄罗斯的中国移民数也呈现持续下降的趋势。在今后的发展中,中国移民赴

俄罗斯还会受到诸多因素的影响,主要可以体现在以下几个方面:

①相比于俄罗斯来说,我国的工资收入水平逐渐递增(中俄的平均工资比为1:1.2);

②我国居民纷纷前往国内沿海地区打拼,这些地区的经济十分发达,甚至可以与发达国家相媲美;

③俄罗斯颁布了一系列的行政限制措施,再加上受到经济结构的影响,该国境内很难实现大规模就业;

④在俄罗斯居住需要付出过多的成本;

⑤俄罗斯境内其他国家的劳动力更为廉价,导致中国移民需要面对严重的竞争压力;

⑥中国人对俄罗斯兴趣降低,很少会选择去俄罗斯留学。

此外,获得在俄罗斯劳务许可证并不容易,这也极大程度地制约了中国劳动人员的涌入。因为从劳务输入层面来看,俄罗斯在办理劳务许可证时,对于名额提出了严格的限制要求,而且需要付出的签证费用过高,有效期相对较短。同时中国的劳务人员办理过境手续十分复杂,整体效率十分低下。

4.5.2.2　中蒙间劳务贸易的发展

在中蒙两国之间,中国的劳动力资源明显处于优势,中国理应作为劳动力净输出方。然而观察2011—2018年中国对蒙古国派出人数的数据(图4-17),我们发现中国对蒙古国的劳务输出基本是逐年递减的。中国对蒙古国的派出总人数主要由两部分构成:中国对蒙古国劳务合作的派出人数和中国对蒙古国承包工程的派出人数。虽然劳务的派出人数在2011年和2015年均有所上升,但因为承包工程人数下降过快,使得派出总人数呈持续下滑状态,直到2017年才有所增长。

其中的深层次原因主要来自中蒙两国的历史渊源和民族纠葛。受蒙古国资源民族主义的影响,2012年6月,蒙古国正式颁布了《战略领域外国投资协调法》,意在排斥进入"战略领域"的外国投资者。投资蒙古矿业的中国投资者经济上遭受了严重损失,投资信心也受到了严重打击。除此之外,由于中资企业越来越多,再加上华人劳工数量逐渐增长,很多本国人民认为"我们的工作与资源都被中国人抢走了"。因为中国人的劳务成本低相对比较低,而且掌握熟练的操作技术,许多企业基于劳动力成本来考虑,更加热衷于聘用中国工人。蒙古国为了使本国人民的就业问题得到解决而明确规定,外资企业在招聘员工时,本国员工与外国员工的招聘比例为9:1,如果雇佣过多的外国员工,必须要按照规定缴纳"人头税",这也必定会导致企业需要投入更多的成本。因此,在蒙古的中国劳动力随着对蒙古投资和承包合同的下降而减少。直到 2017 年,蒙古国总统换届,中蒙两国加强了《建设中蒙俄经济走廊规划纲要》中的合作,中国对蒙古国的劳务输出才开始有所增长。截至 2017 年 7 月底,有 3 万多名中国员工在蒙古国中资企业工作,同时,中资企业雇佣当地人员达 4 万余人。

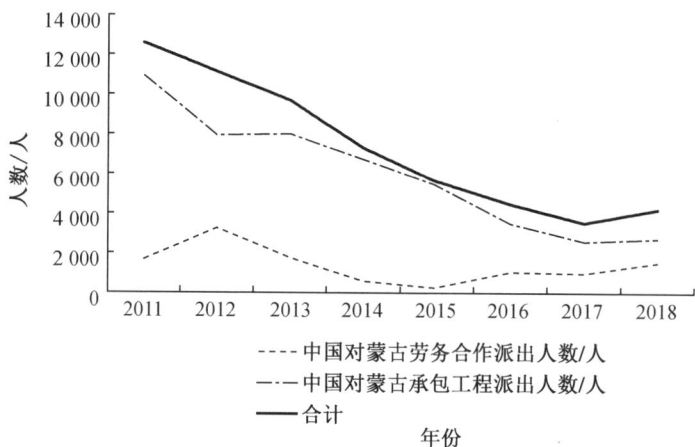

图 4 - 17   2011—2018 年中国对蒙古国派出人数

另一方面,中国边境经济的繁荣也吸引了很多蒙古国人前来务工。二连浩特市作为中蒙两国贸易最繁荣的边境城市,对蒙古国人来说非常有吸引力。2018 年前三季度,二连浩特口岸出入境人数已超过 200 万人次,其中,蒙古国在二连浩特市常住人数为 1 600 余人。他们一部分在二连浩特市经营餐饮、服装等生意,一部分往返于二连浩特市与蒙古国扎门乌德市做跨境贸易,还有一部分在中国企业务工。二连浩特市成立了外国人服务管理中心来为蒙古国务工人员提供服务,帮助蒙古国公民办理跨境务工手续,提供用工信息以便其快速、精准地找到合适的工作岗位。

4.5.3   金融业的对接

4.5.3.1   中俄金融业的对接

中俄之间的金融合作可以追溯到 20 世纪 90 年代的中后期,进入 21 世纪以后,两国在金融领域的合作也逐渐密切,拥有良好的发展前景。基于合作层次考虑,当前两国已经形成了健全的金融合作机制,两国之间共同合作,联手创建了中俄直接投资基金、丝路基金以及"亚投行"等，共同促进金融业务的发展，中俄高层领导之间也展开了互访工作，并且构建了完善的中俄区域金融合作互访机制。基于合作模式层面分析，两国不再延续传统的代理行模式，而是逐渐变成了互设机构跨境经营的模式，由最初的商业银行合作，逐渐拓展到了中俄金融联盟。现阶段，我国四大行已经在俄罗斯建立了子行。在俄罗斯境内，国家开发银行以及进出口银行也开设了相应的办事机构。与此同时，在中国的北京市与上海市，俄罗斯联邦中央银行成立了1家分行以及10家代表处。我国的商业银行在发展的过程中，与俄罗斯形成了代理行关系，其数量高达200家，形成了集人民币、美元以及卢布为一体，独特的资金清算网络。2015年，俄联邦储蓄银行与哈尔滨银行共同联手，创办了"中俄金融联盟"。在"一带一路"倡议的引导下，迄今为止，联盟所拥有的成员银行共计达到了68家，其中中国银行共计32家，遍布国内12个省份地区；俄罗斯的银行数量则为36家，总部设立于莫斯科的共有22家，在俄罗斯远东以及西伯利亚地区建立分行的共计14家。中俄金融合作业务十分广泛，涉及了多个领域，其中包括跨境融资、本币结算、资金清算、外币现钞以及外汇交易等。基于合作范围来看，中俄之间的业务往来愈发紧密，且并非仅是普通的业务合作，而是逐渐拓展到了其他领域，例如央行间货币合作、金融市场等，双方之间的合作越来越密切，银行也逐渐发展成了集合多项业务为一体的金融主体，其中涵盖了结算、清算、现钞调运以及跨境投融资等多个方面。

此外，双方合作还实现了本币结算的从无到有，即在双边贸易中减少使用美元等第三方货币，代之以本币结算。从2002年两国央行签署《中国人民银行与俄罗斯联邦中央银行关于边境地区贸易的银行结算协定》以来，两国边贸结算业务迅速发展。随着两国间经贸、旅游、服务等行业领域需求的日渐扩大，本币结算规模也随之增加。结算主体由民间发展到两国政府间，结算范围也由边境贸易扩大到一般贸易。结算地域由一地拓展到多地。结算资金规模也与日俱增，到2016年两国贸易总额的5%已由本币结算。在跨境结算和清算合作方面的发展更加迅速，2010年人民币与卢布分别开始挂牌交易，双方交易市场的建立有助于摆脱美元套算，从而降低汇兑成本、提高清算效率、降低清算成本，加速了本币结算的贯彻落实。2017年3月，中国工行在俄罗斯首都莫斯科正式宣布，全面推行人民币清算行业务，这也为人民币在中俄经贸与投资业务中的使用提供了更多便利条件，促进了中俄之间的经贸发展，这是人民币国际化的又一重要里程碑。两国间各级各类银行等金融系统间的业务合作也越来越密切。中俄两国银行为缩短资金在途时间和提高计算效率，早在20世纪80年代就开始互设机构及代理行,截至目前均已发展至多家银行,两国相邻地区银行合作也通过共建账户关系等开展合作。

中俄货币互换业务于 2007 年开始进行,2014 年 10 月两国央行曾签署了 1 500 亿人民币兑换 8 150 亿卢布规模的本币互换协议。2013 年黑龙江省绥芬河市还被列为卢布现钞流通试点城市(又称“中国小币种使用特区”),相关政策于 2015 年 8 月正式运行,这意味着俄罗斯商人和游客可在绥芬河市用卢布进行自由存取或消费,这一做法既促进两国经贸人员往来和经贸活动深入开展,也为人民币在俄方取得对等地位奠定了基础。

此外,为支持国家重点项目建设的开发性金融产品也应运而生,如之前由中国国家开发银行主导的“贷款换石油”协议以及为俄方提供信贷建设莫斯科“光荣”科技园区项目等都是对金融产品的创新性开发。国家开发银行与俄外经银行以及俄联储银行等共同联合,签订了 510 亿人民币贷款合约,为对俄跨境人民币贷款项目提供了资金支持。现阶段,在黑龙江地区,国开行旗下省分行发放的转贷款共计 60.5 亿美元。两国在各项业务上的联合支持,为双方各个领域的发展提供了便利,也促进了两国的经贸发展。2017 年 3 月俄罗斯发行了“一带一路”熊猫债券,也对沿线国家的资金融通渠道产生了拓展作用,强化了各国之间的合作交流,具有重要的现实意义。

中国银联国际与俄联储银行共同合作,联合开通了银联卡受理业务,双方明确提出,在 2017 年 6 月末,银行范围内全部 ATM 均要实现支持银联卡使用这一功能,在之后 3 年的时间内,银行旗下所有商家均要使用银联卡进行支付。现阶段,俄罗斯的 POS 终端共计为 34 万台,受理银联卡的 ATM 则有 4 万台,这促进了创新业务的开展,并取得了许多显著成果,直至 2017 年年底,俄罗斯为“云闪付”业务提供支持的 POS 终端达到 5 万台。两国还相继在出口买方信贷、银团贷款、反洗钱融资、反恐融资、黄金交易等金融领域开展了务实有效的合作。相信在能源与基础设施建设等一系列大型项目的带动下,两国在金融领域的合作会进一步加强,并不断衍生出各种各样的金融新产品,不断优化金融信用环境,不断畅通投融资渠道,为两国经贸发展和人文交流服务。

4.5.3.2　中蒙金融业的对接

针对中蒙金融合作而言,其主要特征就是积极响应“一带一路”倡议的相关内容,并为之提供相应的金融服务,给予更多的金融支持与业务保障。2015 年,在实现本币跨境结算方面,中国银行与蒙古国多家银行均创建了账户行关系,而且也开通了图格里克现钞兑换业务。在首届中蒙博览会上,中国农行对蒙跨

境人民币业务中心正式揭牌。毋庸置疑的是,该机构的成立促进了跨境人民币
清算体系的完善,在中蒙金融发展中具有重要影响。2017 年中国人民银行二连
浩特市支行在全国率先实现蒙古国图格里克现钞调运,中蒙央行本币互换协议
项下蒙图融资业务成功落地,实现国内首次蒙图跨境结算。

　　2017 年 9 月 26 日,由中蒙 33 家金融机构联合参加的中蒙金融合作联盟在
呼和浩特成立。中方成员包括中邮人寿保险、恒丰银行、内蒙古银行等,蒙方成
员银行主要包括蒙古国家银行、蒙古国贸易和发展银行以及成吉思汗银行等。
中蒙金融合作联盟是由中蒙两国金融机构联合构成的跨境金融合作组织,提倡
开放式、非营利的理念,所遵循的原则为"平等、自愿、自主、独立",倡议的宗旨
为"资源共享、互惠合作、优势互补",意在通过各个成员机构之间的业务交流,
增进彼此之间的沟通,构建出良好的发展机制,积极促进中蒙经贸的发展。中
蒙金融合作联盟将促使成员间开展全面交流与合作,在共同关注的风险管理、
科技系统、运营管理、研究咨询、中蒙两国投资项目合作、跨境资金运作等深层
次领域实现优势互补、资源共享,并开展本外币跨境支付清算结算、跨境资金融
通、跨境电子商务等业务合作。

　　蒙古国作为"一带一路"倡议的积极支持者和参与者,为各国金融机构提供
了商机。中国银行(中行)乌兰巴托代表处成立于 2013 年,次年启动了蒙古子
行筹设事宜。中行蒙古子行一旦落地,必将为中国"一带一路"倡议与蒙古国
"发展之路"实施战略对接提供金融保障。这主要体现在,一是能为蒙古国基础
设施建设、资源开发等项目提供金融支持。二是能为蒙古国市场注入更多外汇
资金,增加外汇储备,提振投资者信心,稳定图格里克汇率。三是能畅通人民币
资金融通渠道,为双边贸易提供便利化。四是能优化蒙古国债务结构,规避汇
率风险,维护金融安全。过去几年中行会同工行、国开行等在蒙中资金融机构,
在强化金融服务方面不断探索,如成立蒙古经济金融研究中心,定期向公众发
布关于蒙古国经济金融等研究成果;创办"中银大讲堂",邀请当地政府官员及
专业人员为中蒙企业宣讲政策,释疑解惑;联合在蒙中资企业设立"蒙古国'一
带一路'大型企业俱乐部",促进在蒙中资企业合作共赢;借助中行总行的中小
企业跨境平台品牌优势,积极打造"线上 + 线下"相结合的跨境撮合服务模式,
帮助中蒙企业开展跨境撮合对接等。由中行牵头,中资企业成立的中蒙社会发
展暨文化教育基金会,多年来募集资金 100 多万美元,资助 4 500 多名蒙古国学
生及家庭。该基金会已成为活跃在当地社会的一支重要公益力量,夯实了中蒙
民间交流的基础,为中蒙人文交流增添了新的内涵。

　　前文已经详细地介绍过了中俄和中蒙在经贸往来、交通基础设施和矿产能

源、旅游、金融等方面的相互关系,下面简要地介绍一下蒙俄之间的经贸和关系合作。

苏联解体后,蒙古国与俄罗斯经贸关系总体呈下降趋势,2000 年以前的下降是断崖式的,2000 年以后基本处于低水平阶段,蒙俄贸易占俄罗斯和蒙古国各自对外贸易的比重非常低。尽管 2017 年有所提升,但仍处于较低水平的发展阶段。俄罗斯占蒙外贸总额比重已从 1990 年的 80% 逐年降至 2015 年的 13%,2016 年世界矿产品价格的一路走低,以及中国对蒙古国矿产品需求的减少,导致蒙古国对外贸易减少,其中与俄罗斯的贸易额为 9.36 亿美元,占蒙古国对外贸易总额 82.8 亿美元的 11.3%。2017 年蒙古国与俄罗斯贸易额是 12.87 亿美元,占蒙古国对外贸易总额 105.38 亿美元的 12.2%。蒙俄双边贸易总额占蒙古国对外贸易总额比例不高,但 2017 年的双边贸易额比 2016 年增加 27.2%,增加幅度较大,而且贸易逆差加大。这反映出蒙俄贸易结构不对称的状况没有根本改变。蒙古国仅在 1992 年对俄为贸易顺差(约 500 万美元),之后,蒙古国对俄贸易逆差逐年上升,其中贸易逆差在 2012 年达到峰值(约 17 亿美元),2013 年贸易逆差为 15 亿美元,占当年蒙古国贸易逆差总额的 71.8%,截至 2018 年 11 月,蒙古国与俄罗斯的贸易逆差为 15 亿美元。这种局面的形成,一方面来自蒙古国对俄石油进口的依赖,目前蒙古国超过 90% 的进口石油来自俄罗斯,传统基础产业设备更新改造依然依赖从俄罗斯进口。另一方面则由于向俄出口产品的种类单一,蒙古国对俄出口产品种类日渐萎缩,仅萤石和肉制品两类产品就占对俄出口的产品总量的 90% 左右。2014 年前,蒙古国只向俄罗斯一个州出口畜产品,2016 年开始增加到 8 个州。2016—2018 年,蒙古国牲畜总数超过 6 500 万头,这在一定程度上为蒙古国对俄增加肉类出口提供了保障。2014 年蒙古国与俄罗斯互免签证后,俄罗斯与蒙古国之间的旅游人数逐渐增加,根据蒙古国国家统计局网站公布的数据显示,2017 年入境蒙古国的外国总人数为 542 700 人,其中俄罗斯公民占 20.3%,位居第二,比 2016 年增加 27%。据蒙古国国家统计总局消息,2018 年第一季度入境蒙古国游客人数达 75 000 人次,同比增长 11%,其中 36% 来自俄罗斯,同比增长了 28.8%。2015 年,蒙古国中央银行与俄罗斯中央银行首次开始合作。2016 年 12 月,蒙古国开发银行与俄罗斯联邦储蓄银行签署备忘录。在蒙古国总统巴特图勒嘎参加 2017 年蒙俄商务论坛时,蒙方向俄罗斯提出建议,修建塔温陶勒盖至赛音山达的铁路线,以便于向外界出口煤炭。在巴特图勒嘎访俄期间,俄方向蒙古国表示,可以为该国煤炭出口提供出海口,即向蒙古国提供东方港以供使用。

本章小结

本章介绍了中蒙俄经济走廊目前的状况。在交通走廊建设方面,中俄、中蒙分别开展了铁路、公路走廊建设的合作如中俄同江跨境铁路大桥、增开了集装箱国际联运班列、联合开通了"滨海1号""滨海2号"国际交通运输走廊策克口岸跨境铁路项目目前也正处于施工建设阶段、黑河—布拉戈维申斯克黑龙江公路桥合龙、中蒙乌力吉公路口岸开工建设、蒙古国乌兰巴托至贺西格新国际机场公路项目开工、甘其毛都至临河一级公路通车等。中蒙俄互联互通的制度建设也取得了一定成效,如简化通关过境流程、三国签署《关于沿亚洲公路网国际道路运输政府间协定》、在黑龙江建设公共物流枢纽平台等。此外中俄、中蒙在石油、天然气、矿产资源等能源资源方面展开了一些合作项目。

虽然中蒙俄经济走廊的建设对中俄、中蒙的双边贸易产生了一定促进作用,但在一些内外因素的作用下难以维持持续上升的态势。中俄、中蒙间的贸易结构也有不尽合理的方面,比如中国在对俄贸易中所处的劣势地位,中国对蒙古国进口结构的单一,中国在制造业方面的优势地位尚未在中俄、中蒙的贸易中充分体现出来等。中国在俄、蒙的投资和工程承包项目中发挥了一定的优势,但因为俄、蒙的国内因素,除了对俄的承包工程金额持续上升,其他的金额都呈现出不确定的波动性。

综合来看,中蒙俄经济走廊的对接不仅体现在经贸和交通上,也体现在服务行业的对接上。中俄间的旅游市场呈现出了快速的增长趋势,中蒙两国旅游业的合作也在不断发展,蒙古国来中国的游客数量在2017年出现了快速地增长,两国旅游行业所提供的服务也越来越丰富。而中俄、中蒙间劳务贸易有下降的态势,究其原因,与俄、蒙内部法律法规对待劳务人员的态度有关,同时这也是中国国内居民收入提高的一种表现。在金融业对接方面,中俄的金融业合作发展比较快,本币结算的发展进程喜人;中蒙的金融合作探索正在进行,部分中资银行开通了边贸网银对蒙跨境人民币清算通道。

第5章 中蒙俄经济走廊基础设施建设空间效应的实证分析

本章进行对经济走廊基础设施政策经济效应的实证分析,以3.2讨论的本地溢出模型和本地溢出扩展模型理论为基础,主要分析中蒙俄经济走廊中有关产业分布、地区收入差距、经济增长的区域经济政策的空间效应问题。

5.1 两区域基础设施建设效应的实证分析

中国与俄罗斯和蒙古国分别相邻,可以利用两区域模型来分别分析。特别是中国东北地区与俄罗斯远东地区及中国东北地区与蒙古国,不仅相邻,而且体量相当,可以纳入两区域模型。

俄罗斯远东地区面积621.59万平方千米,是一片十分广阔的区域,远远超出面积为152万平方千米的中国东北地区。但是俄远东地区的人口稀少,据2014年的统计,当地仅有623万人,平均每平方千米的土地上不足2人。2013年,远东联邦区的生产总值达2.9万亿卢布(约合844亿美元)。而中国东北地区的人口接近1.2亿,GDP约70 000亿元人民币,作为经济体完全可以和俄远东地区形成对等的关系,甚至处在上风。

蒙古国面积156.65万平方千米,与中国东北地区面积相当,但是人口仅有320万人(2019年1月数据),仅相当于东北地区人口数量的四分之一,2018年GDP为130.10亿美元,换算成人民币不到820亿元,是实实在在的落后地区。

5.1.1 中俄基础设施建设效应的实证分析

5.1.1.1 降低区内交易成本

与俄罗斯其他地区相比,远东地区传统的交通运输系统所发展的基础设施十分薄弱,处于欠发达水平,长期以来形成对经济发展的关键制约。

近年来俄罗斯因受到西方政策挤压采取"向东看"策略,决心逐步融入亚太地区市场。俄罗斯总统普京2014年底签署《超前发展区法》,这部法律规定了俄远东地区在发展经济的过程中享受税收、行政审批等方面的若干优惠条件，设立远东和北极发展部，成立远东发展基金，帮助新政策的开展和落实，开启了俄远东地区开发的浪潮。

首先，在区域政策方面，俄罗斯积极推进远东超前发展区和符拉迪沃斯托克自由港建设开发，简称"一区一港"政策。在远东和北极发展部下所建立的平行机构共有三个，主要包括：远东招商与出口发展局、远东人力资源发展局以及远东发展集团。主要负责该项政策的人才引进、招商引资、园区建设与管理等工作。在俄联邦主体领域中，超前发展区是重要的组成部分，在这一地区，为了促进企业的发展与活动，俄罗斯政府也颁布了一系列的法律规章制度。对于符拉迪沃斯托克自由港来说，这一区域的政策体系具有一定的特殊性，主要体现在海关、行政法规以及税收等领域。执行期限一般是70年。现阶段，俄罗斯政府明确提出，在远东地区加大超前发展区的建设，主要是坐落于滨海边疆区（共计为4个）、哈巴罗夫斯克边疆区（共计为3个）、阿穆尔州（共计为3个）、犹太自治州（共计为1个）、萨哈林州（共计为3个）、萨哈（雅库特）共和国（共计为2个）、堪察加边疆区（共计为1个）、楚科奇自治区（共计为1个）共18个超前发展区（具体见表5-1所示）。政府为超前发展区和自由港均提供了税收、土地、基础设施建设等方面最优惠的条件具体见表5-2所示。

表5-1　18个超前发展区的分布

所在地区	名称
滨海边疆区	米哈伊洛夫斯基超前发展区、纳杰日金斯基超前发展区、石油化学超前发展区、巨石超前发展区
哈巴罗夫斯克边疆区	哈巴罗夫斯克超前发展区、共青城超前发展区、尼古拉耶夫斯基超前发展区
阿穆尔州	自由超前发展区、别洛戈尔斯克超前发展区、阿穆尔河畔超前发展区
犹太自治州	阿穆尔—兴安岭超前发展区
萨哈林州	南区超前发展区、山区空气超前发展区、千岛群岛超前发展区
萨哈（雅库特）共和国	坎加拉瑟超前发展区、南雅库特超前发展区
堪察加边疆区	堪察加超前发展区
楚科奇自治区	白令戈夫斯基超前发展区

表 5 – 2　超前发展区和自由港的优惠条件

项目	超前发展区与自由港入驻企业	一般企业
养老金、社保、医疗保险等缴费	10 年之内为 7.6%	30%
利润税	5 年内不征税,5 年后为 12%	20%
土地税	5 年内不征税	0.3% ~ 1.5%
法人财产税	5 年内不征税,5 年后为 0.5%	2.2%
行政监管便利化	企业用地不需要通过招标,仅按地籍价格向入驻企业提供租赁地块	无
海关优惠	对入驻企业实施自由海关区制度,免税进口、存放、使用外国商品	无

　　其次,从劳动力政策层面来看,俄罗斯政府正式出台了《俄罗斯远东地区土地免费配发法案》,在该法案中明文规定,提倡本国人民前往远东地区对土地进行租赁。在远东地区,每名本国公民免费租赁的土地面积为 1 公顷,租期时间为 5 年,期满之后,即可拥有土地所有权。根据调查结果表明,考虑去远东地区生活的俄罗斯人已经超过了 3 000 万,由此预测,该地区的人口将会迅速增长。2019 年 8 月俄政府又将远东"一公顷"政策推广到外贝加尔边疆区和布里亚特共和国。截至 2019 年 7 月中旬,超过 76 000 名俄罗斯人参加了远东"一公顷"计划,共签订了超过 5.26 万份合同,另有 5 500 份申请已经得到了批准并准备签署合同。该政策大大提升了远东地区对劳动力的吸引力,使俄远东地区新增了 3 个以上的居民点。

　　最后,在基础设施建设层面,俄政府为了支持远东项目的发展,专门设立了远东发展基金,资金金额达到 150 亿卢布,截至 2019 年初,此项基金已经拨出了超过 400 亿卢布用于投资。投资重点是为了增强交通运输能力,使人民的生活条件得到改善,并致力于减少企业成本费用的支出。2016 年 3 月,俄政府批准五项远东地区大型基础设施建设项目为国家参与的大项目,由俄联邦专项规划资金和国家福利基金提供融资支持,包括哈巴罗夫斯克市"新机场"改建项目、马加丹州"奥罗图坎—帕拉特卡—中央"220 千伏输电线建设项目、滨海边疆区"东方—纳霍德卡"铁路运输枢纽建设项目、滨海边疆区"东方—纳霍德卡"海上运输枢纽建设项目。2019 年 7 月,俄总理宣布额外划拨超过 155 亿卢布来支持远东的五个州区:萨哈(雅库特)共和国、滨海边疆区、马加丹州、萨哈林州和犹太自治州。将之用于发展工程和交通基础设施,建设社会公共项目,包括医院、学校、体育场馆等。2019 年 12 月,俄罗斯政府批准了哈巴罗夫斯克机场二期建设以及彼得罗巴甫洛夫斯克—堪察加的新综合大楼项目,和包括诸如在布拉戈维申斯克跨越结雅河的桥梁及在雅库茨克跨越勒拿河的桥梁等大型项目在内的远东地区 1 000 多座桥梁和立交桥的改造和大修项目。2019 年底,俄政府公布了北方海路至 2035 年的基础设施建设规划,除了将致力于实现 2024 年北方海路货运量达到 8 000 万吨的目标外。规划中还规定:2020 年 12 月前完成楚科奇自治州别维克港改造;2021 年 12 月前完成萨贝塔港运河改造;配套建设摩尔曼斯克运输枢纽;改建涅涅茨自治州阿姆杰尔马机场、楚科奇自治州别维克机场、萨哈(雅库特)切尔斯基机场、楚科奇自治州戈贝尔维姆机场。

　　2015—2020 年,俄远东地区通过了 40 多项法律和 190 项政府决议用以保障远东开展商务活动的稳定性和竞争力,同时刺激投资和改善基础设施。此外,俄罗斯在该地区创建了 20 个优先发展区域、5 个自由港、230 多家新企业,并在此基础上开始实施 1 780 多个总价值 3.8 万亿卢布的投资项目。这些举措均便利了俄远东地区的区内交易,扩大了该地区的市场,提高了市场效率,降低了区内交易成本。

　　上述措施取得的结果是,目前世界上有中国、日本、韩国、澳大利亚、新西兰、越南等 17 个国家在俄远东地区投资。2015—2020 年,俄罗斯外国投资的 32% 直接作用于远东地区。远东地区的工业增速是全俄平均水平的 2 倍,已有 39 个大型投资项目。远东新的发展规划将落实 1 610 个投资项目,目前 217 家企业已投产,解决了 3.6 万人的就业。远东地区跨越式发展区和自由港两千家入驻企业的总投资额超过 35 000 亿卢布,预计创造约 14.5 万个就业机会。此外,远东地区已经成功实施了 264 个项目,在跨越式发展区和自由港已启动和实施完成的项目投资额超过 5 500 亿卢布。这些都是远东状况开始改变的表现,首先是经济发展规划,其次是基础设施建设。这些项目的落地受益的不仅是投资者,也是整个地区。国内,这些项目也发挥了基础设施建设的空间效应。

5.1.1.2　降低区际交易成本

　　长期以来,东北地区与俄远东地区的交易经常会受到俄方基础设施条件的制约。2007 年 9 月俄罗斯政府出台的《2013 年前远东与外贝加尔地区发展战略》中明确提出,在远东地区的发展中,应对基础设施建设提供大量资金,用于改造口岸公路等。然而,由于乌克兰危机后遭受西方严厉地经济制裁,俄罗斯的财政捉襟见肘,难以拿出实际的经济支持。远东的铁路、公路等运输能力低、港口的吞吐量小等问题至今依然困扰着俄远东的某些地区,这些问题严重制约着远东对外经贸合作的开展。比如黑龙江的虎林口岸,虽然距离俄罗斯比较近,但是因为与之对接的俄方马尔科沃口岸基础设施落后,严重制约了商品货物的通关效率。加之远东地区地广人稀,有些俄方口岸对应的城镇规模小,人口及市场严重不足。也正因为如此,远东地区地方政府对与中国合作的态度不积极,对一些资源产品的出口也采取严格的审查限制制度,严重阻碍了两国的边贸往来。

俄方的项目配套资金到位慢,施工效率不高,也在一定程度上制约了区际基础设施的互联互通。比如中俄同江—下列宁斯阔耶铁路界河桥的修建,全长2 215.02 米,中方境内 17 孔,长 1 886.45 米;俄方境内 3 孔,长 328.57 米。2014 年 2 月开始动工,中方已完成工程的三分之二,俄罗斯的工程才开始加紧进度。截至 2016 年 11 月,中方境内工程大桥基本上已经完工。由于俄方施工进度比较缓慢,在 2019 年 4 月份,才完成了大桥主体钢梁合龙。

尽管遭遇了资金和效率上的掣肘,俄罗斯在遭遇西方制裁,经济滑坡的背景下,也在积极寻求新的发展机会。2012 年,在普京再次当选俄罗斯总统后,开始了对远东地区进行大刀阔斧地改革,远东开发上升到了新的战略高度,并推出一系列政策,掀起了新一轮远东开发热潮。2014 年之后,普京深入贯彻落实"向东看",提高对远东开发的重视,并与"大欧亚伙伴计划"以及"欧亚经济联盟"相结合,将其作为一项国家战略。《俄罗斯社会经济超前发展区联邦法》和《远东一公顷土地法案》的出台掀起俄罗斯的远东开发热潮,为外国投资者提供了诸多机遇。

2018 年,俄决心加强远东地区的通关口岸建设,在远东及北高加索地区率先启动 32 个口岸的建设项目,此外还计划在 2 年内建设 9 个电子海关和 16 个电子申报中心。

此外,双方还加强了互联互通的基础设施建设:2017 年 7 月,中俄为了构建"冰上丝绸之路",提出了北极航道合作的倡议;2018 年 5 月,中俄东线天然气管道工程黑龙江盾构主隧道实现贯通;2018 年 9 月,珲春—俄罗斯扎鲁比诺港—宁波的内贸货物跨境运输航线通航;2019 年中俄同江、黑河大桥合龙;2018 年中俄成立洛古河大桥联合工作组;东宁—乌苏里斯克的跨境铁路也在进一步的规划中;远东与中国东北间的高铁项目也已得到远东官员的支持;滨洲铁路完成电气化改造,与俄罗斯西伯利亚大铁路相连;莫斯科至喀山高铁第一标段建设项目获得俄政府拨款 2 000 亿卢布(约合 30 亿美元);贝阿干线和跨西伯利亚大铁路改造也获得拨款 200 亿卢布(约合 3.03 亿美元)。

这些刚刚建成或还在建设中的跨境基础设施已经为双方带来了不少商机。据报道,同江中俄跨江铁路大桥刚刚合龙,就已经得到了社会各界的广泛关注。许多知名企业纷纷前往同江进行考察调查。现阶段,同江市已经和许多公司签署了投资合作协议,其中包括国储能源化工、北京兴起金公司以及广东源涌生物科技等,合作企业达到了 25 家。

对于俄方来说,随着布拉戈维申斯克—黑河大桥的开通,阿穆尔州与中国之间的年货物周转量可以增加七倍——达到 400 万吨,每天的通过量为 630 辆卡车、164 辆客车、68 辆轿车,日均约 5 500 人,中国游客人数也会大大增加。"滨海 1 号""滨海 2 号"国际运输走廊货运量持续增长,"滨海 1 号"2019 年前 4 月较上年同期货运量增长了 1.7 倍,达 2 228 个标箱。"滨海 2 号"超过 1 000 个标箱,较 2018 年全年增长了一倍。

近两年来,亚太地区对远东经济投资的 80% 都来自中国,涉及了多个领域,包括运输与物流、旅游业、林业、钢材深加工以及能源开发等,除此之外,还有许多项目即将开工。中方与俄远东联邦区的经贸合作持续深入,2017 年的贸易额已经达到了 77 亿美元以上。远东与中国双边贸易额稳定增长,2018 年全年增长了 26%,达 97 亿美元,2019 年一季度已经增长了 21%。远东地区外国投资中,中国占到 63%。

然而,近年来俄罗斯对中国的直接投资并未见明显提升,而且趋势也不稳定,可见,有利于区际贸易的基础设施会提高产业的空间集中度的结论并未实现。俄对中国直接投资情况如图 5-1。

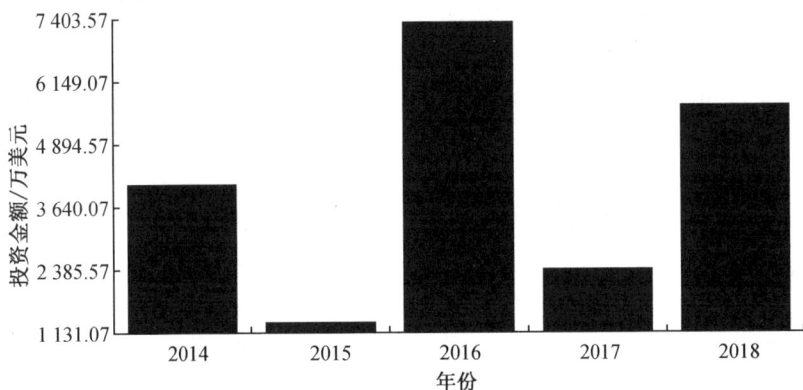

图 5-1　俄罗斯对中国直接投资的金额

其原因也很明显:一方面,很多互联互通的基础设施刚刚建成,有待进一步健全和完善,其中的效应还没有来得及发挥出来,空间集中和降低收入差异等方面的效应需要有一个传递过程,因此有待观察;另一方面,体制因素导致了中俄两国在投资合作方面选择了另一种新颖的合作方式——创立政府的合作投资基金,从而在一定程度上替代了私人投资。

中俄双方已共同设立了多支合作投资基金,这些投资基金主要用于保障两国各类合作项目的运行。具体的投资基金项目和功能见表5-3。

表5-3   中俄合作投资基金

基金名称	成立时间	基金总规模	中方出资	俄方出资	基金用途
中俄投资基金	2012年6月	20亿~40亿美元	10亿美元	10亿美元	70%以上的资金要投资俄罗斯及独联体国家项目,30%以下的资金用于投资对俄合作的中国项目
中俄农业投资基金	2015年5月	20亿美元	主要来源	占比很小	支持两国境内的农业项目
中俄农业开发基金	2015年12月	130亿卢布	13亿卢布	117亿卢布	促进远东地区以中国为市场的农业开发
中俄下一代发展基金	2017年3月	200亿美元			基础设施建设及矿业两个长线投资行业
中俄人民币投资合作基金	2017年7月	100亿美元			"一带一路"及欧亚经济联盟下的项目
中俄发展基金	2017年7月	一期10亿美元			中俄两国及一些独联体国家的能源、资源、农业、基础设施、高科技及快速消费品等领域发展
中俄地区合作发展投资基金	2017年5月	1 000亿元人民币			推动中国东北与俄罗斯远东地区合作,投资主要集中于基础设施建设领域,其中包括俄罗斯远东地区"滨海1号""滨海2号"国际运输走廊项目

5.1.1.3　促进技术溢出

促进技术溢出的手段主要有五项：

一是吸引技术先进的企业入驻。前文提及，俄为进行远东地区的开发，在该地区设立了18个超前发展区和1个自由港，并向超前发展区和自由港的企业提供优惠政策，这些政策吸引了大量来自国内外的企业入驻。截至2018年10月28日，正式签署协议入驻超前发展区的企业为57家，其中外资企业32家（其入驻情况见表5-4）。注册企业共计为315家，拟投资项目所涉及的领域涵盖了多个方面，其中包括农业、加工制造、林业、旅游、渔业、化工以及交通物流等，拟创造就业岗位共计5.3815万个，协议投资额共计达到了23.2亿卢布。已经入驻符拉迪沃斯托克自由港的企业为76家，其中外资企业44家（其入驻情况见表5-5），正在落实注册的企业为963家，拟投资额为5560亿卢布。

表5-4　超前发展区入驻的外资企业情况

国家	数量/家	投资额/亿卢布	外资额/亿卢布	工作岗位/个
总计	32	2 172.26	1 902.10	6 491
中国	12	1 808.10	1 726.76	3 819
日本	7	104.06	74.29	1 022
新加坡	1	18.78	9.39	53
澳大利亚	3	30.00	30.00	515
韩国	4	15.42	12.47	250
其他	5	195.90	49.19	832

注：数据截止日期为2018年10月28日。

表5-5　自由港入驻的外资企业情况

国家	数量/家	投资额/亿卢布	外资额/亿卢布	工作岗位/个
总计	44	360.03	97.14	9 742
中国	28	271.73	20.86	8 599
日本	3	23.45	23.44	165
韩国	6	39.21	28.66	257
其他	7	25.64	24.18	721

二是对研发进行补贴。俄罗斯远东地区的科技力量主要由俄罗斯科学院远东分院的 34 个研究所及少数几所大学组成。远东分院下属 6 个地区科学中心,包括滨海边疆区科学中心、哈巴罗夫斯克科学中心、阿穆尔科学中心、萨哈林科学中心、堪察加科学中心和东北科学中心。这 34 个研究所科研人员总数为 6 828 人,其中包含 367 名教授(包括 43 位院士和通讯院士)、1 176 名博士和副博士。此外,远东分院还设有中心实验室、出版社和海洋考察船队等辅助科研机构。远东分院的学科领域涵盖了地球物理学、地质学、海洋学、生物学、物理学、化学、地理及人文社会等学科领域。该院在水文物理、海洋及大气光学、航空航天、海洋机器人、信息和纳米技术等新的研究领域上取得了长足发展。在机器人系统构建、生物技术、放射性废弃物再加工、自然灾害预警、地质构造学、微生物学、生物多样性和生态学等科研领域取得诸多科研成果。

为了充实俄罗斯东部地区的科研力量,2013 年 9 月 18 日,俄罗斯政府颁布的法令草案规定,自愿前往远东地区和西伯利亚地区工作的高技能专家可以在落实《居民就业领域新措施联邦计划》框架内一次性获得 80 万卢布(当时约合 15 万元人民币)。而且俄罗斯从 2014—2016 年预算中向各地区拨款 1 300 多亿卢布落实该计划,旨在安置无工作经验的年轻专家、年龄不超过 35 岁的高技能人才和残疾人就业。但目前俄远东和西伯利亚地区经济部门的创新进程仍比全俄慢得多,其原因在于创新基础设施发展缓慢、国有企业在拨款急剧缩减的情况下对创新产品需求减少。

三是改善通讯基础设施。2017 年 7 月,俄联邦政府批准了一项名为《俄联邦数字经济规划》的文件,旨在在俄推行和发展"数字经济"。同年 9 月份,俄罗斯正式成立了数字经济和区块链技术专家委员会,旨在为数字经济的发展提供立法保障,促使当前所面临的各项问题得到有效解决。2018 年正式将其落实到了实质性执行阶段。

在 2012—2018 年这段时间内,俄罗斯移动通信技术从第四代向第五代迈进。2012 年,俄罗斯第四代通信技术基站数量超过 2 000 个,2018 年这一数字增至 16 万,约占全国移动基站数量的三分之一。第四代移动通信技术的充分应用主要得益于俄罗斯实施的移动网络技术中立原则和频段划分改革。2015 年以前,俄罗斯频段分配并没有额外的拨款条件。通信与大众传媒部引入了透明的竞争程序,对频段进行竞拍,第一次竞拍就带来了 150 亿卢布的预算资金。此外,通信与大众传媒部改变了频段支付的原则,运营商支付的标准不再是基站数量,而是频谱资源的使用量。运营商目前可以共同使用通信基础设施和频段,超过 800 万移动号码进行了携号转网。与此同时,2018 年上半年内,俄罗斯将彻底取消国内网络漫游费用。2018年3月,俄罗斯电信公司同诺基亚公司和斯科尔科沃基金会共同在斯科尔科沃创新园区启动了全国第一个5G试点。没有5G的发展,也将不会有物联网、智慧城市、智能生产、智能楼宇和智能交通的发展。

俄罗斯目前已经建立了数字电视的基础设施。2012年,全国共有939个数字电视的基础设施,数字信号覆盖率约为52.2%。2017年,这一数字增长了5倍,数字电视基础设施数量超过5 000个,98.3%的居民已经可以收到10个免费的数字电视频道信号。目前,俄罗斯高清模式电视广播基础设施正在建设之中,已有100多个电视频道达到高清标准。付费电视市场正在不断发展。付费电视用户数量从2012年的3 190万增至2017年的4 180万,占比从58%增至73.6%。

四是改善教育基础设施。俄罗斯远东地区地处高寒地带,人烟稀少,少数民族多,居住分散。这就给这一地区教育的发展带来了阻碍。以地处俄东北部,靠近北极地区的萨哈共和国为例。在2002年,俄罗斯进行了全国人口普查工作时,根据统计结果表明,萨哈共和国所拥有的人口数量共计为94.9万人,城市人口所占比例为64.2%,农村人口所占比例为35.8%,在此地居住的民族共有120个,本土的民族文化丰富多彩。由于该地区具有丰富的自然资源储备,年轻劳动力资源也相对比较充足,该地区的经济增长十分稳定。然而这一地区人口分布差距很大,人口集中的城市每平方千米的人口数量大约在1.2～2.8人,一些地区不适合发展经济,而且自然条件十分恶劣,难以长期在此地居住,每平方千米的人口数量大约在0.01～0.08人。

通过对萨哈共和国进行分析后发现,教育体系则是由以下几个部分共同组成的,其中包括国立与市立的儿童学前教育机构、补充教育机构、普通教育机构以及补充职业教育机构等。针对国立与市立教育机构而言,主要有全日制普通教育学校618所、普通寄宿制学校2所、专业矫正教育学校22所、疗养型的保健教育学校3所、夜校15所和教学咨询点20处、学前教育机构678所、补充教育机构130所、专门接收孤儿和无父母照管儿童的教育机构10所、主要用来接收问题儿童的青少年儿童机构1所、中等军事学校2所。

人口变动也是导致教育普及水平不高的一个主要原因。新生人口数量的逐年增加使得学前适龄儿童数量增长,这与学前教育资源缺乏是相互矛盾的。而农村人口与城市人口数量呈现为反方向的发展态势。农村小型综合学校数量的不断增多,城市学前教育机构和普通教育机构超负荷运行。在最近几年以来,根据俄国家的统一考试成绩可以得出,相比于全俄罗斯的平均水平来说,萨哈共和国的考试水平更低,每一年的考试结果也具有非常大的变化幅度。产生这种问题的主要原因,则是本地的教育质量参差不齐,所产生的教育成果也存在一定的差异性。

此外,土著少数民族的教育水平也有明显下滑的迹象。这些居民基本上生活在北部(乌卢斯)区,与共和国首府的距离相对比较远,经济水平十分落后,无法保障充足的资源。同时,人烟稀少,交通与通讯不便利。由于学校分布不集中,规模也非常小,相比于中心地区指标来说,年生均支出水平更高。教师的老龄化问题严重,教育师资严重匮乏,很多学校由于缺少教师,不得不停止上课,且没有制定出健全的儿童教育体系,无法充分体现出当地的民族特色。

在教育发展的过程中,虽然面临了许多阻碍因素,但是萨哈共和国仍在继续探索,致力于推行各类创新教育项目,构建出完善的教育质量评价机制,贯彻落实标准定额拨款机制,对一些农业学校予以更多地扶持与帮助,采取双元教学与专业式教学的模式。

自从进入到21世纪,萨哈共和国为了响应时代的发展趋势,开始加大改革力度,这也促进了教育现代化的发展。2009年,在普通教育领域的发展中,所产生的预算支出就已经超过了175亿卢布,同比升高了8.7%。最近几年以来,萨哈共和国取得了许多显著成就。然而从多个方面来看,其仍然受到以下几项因素的影响,其中包括教育基础薄弱、缺乏充足的教育资源以及教育对象多元化等。因此在本区域的教育工作中,必须要加强基础设施建设。毋庸置疑的是,这也是萨哈共和国当前需要考虑的重点问题。

俄罗斯的高等教育基础非常好,苏联时期,每万人中的大学生数量曾排名世界第四,远超英、日、法、德,有70%的人口接收过高等教育。苏联解体以后,虽然受到政局动荡、经济滑坡的影响,高等院校资金短缺、人才流失,教育质量受到了一定的影响,但几十年打下的基础还比较牢固,没有产生根本性的动摇。当然,俄远东地区的高等教育水平与欧洲相比还存在一定差距。远东的科研力量主要由俄罗斯科学院远东分院的34个研究所及少数几所大学组成。远东分院下属6个地区科学中心,包括滨海边疆区科学中心、哈巴罗夫斯克科学中心、阿穆尔科学中心、萨哈林科学中心、堪察加科学中心和东北科学中心。这34个研究所科研人员总数为6 828人,其中367名教授(包括43位院士和通讯院士)、1 176名博士和副博士。此外,远东分院还设有中心实验室、出版社和海洋考察船队等辅助科研机构。远东分院的学科涵盖了地球物理学、地质学、海洋学、生物学、物理学、化学、地理及人文社会等学科领域。该院在水文物理、海洋及大气光学、航空航天、海洋机器人、信息和纳米技术等新的研究领域。在机器人系统构建、生物技术、放射性废弃物再加工、自然灾害预警、地质构造学、微生物学、生物多样性和生态学等科研领域取得诸多科研成果。

俄罗斯《2025年前远东和贝加尔地区经济社会发展战略》中提出,应采取一系列的措施手段,吸引更多的外来人口。主要集中在以下几个方面,即:教育、文化体育、医疗以及社会保障等。在教育工作中,可以采用以下几种方法,即:构建出对教育领头人的扶持制度;引入全新的经济机制,加大创新力度;各级预算共同合作,对教育设施进行改造;积极促进远程教育的发展;为土著少数民族的学生建设流动学校。

五是进行科技和人才交流。俄罗斯是世界科技大国,在102项世界级顶尖技术中,俄罗斯掌握57项,有27项具有世界一流水平。东北地区与俄的科技交流有着深厚的传统,早在1949年建国前夕,应中国共产党的邀请,苏联就派出顾问和专家来华帮助中国建立新政权并恢复经济。鉴于当时东北地区在全国经济中的重要地位,中央在专家派遣上予以倾斜,第一批来华的220名专家中有182人留在了东北,因此东北人民与苏联技术专家间建立起了深厚的情谊,这一阶段的交流到21世纪60年代初因为两国的政治原因终止了。

进入21世纪,随着中俄关系不断地向前推进,东北地区与俄罗斯的技术交流再一次兴起。2005—2008年,黑龙江省累计从俄罗斯引进先进技术300项,在此过程中,被列入国家科技合作计划的项目共计有96个,国家提供的资金总额为8 100万元。82个项目列入黑龙江省对俄科技合作专项。其中,迈向产业化阶段的项目共有55个,所创造的产值累计为16.359亿元,创造出的社会经济效益共计34.58亿元。哈工大中俄中心被授予为国家级国际合作联合研究中心,国家每年提供的经费为300万~500万元。哈尔滨化工研究院与俄罗斯科学院共同合作,研发出了过氧化硼酸钾,也是一种新型漂白剂,具有高效环保的特点,现阶段已经开始投放生产,销售产品累计达到了350多吨,并与诸多商家合作,签署了购货协议,产品共计为1 000吨。在国家科技部的大力支持下,俄方与哈工大奥瑞德光电技术有限公司进行合作,研发了直径超过300毫米大尺寸蓝宝石晶体的生长技术,在2008年7月,成功研制出了高质量蓝宝石晶体,重量达到了8.68公斤,直径为325毫米。这一技术处于国际领先行列,由此一来,国外垄断形势被打破,不仅产品进口被取代,也为我国各个领域的发展打下了坚实的基础,因此具有重要的现实意义。同时亦将会实现经济最大化的发展目标。

除了科研院所的合作,企业方面的技术合作也日益增多。如俄罗斯特洛伊斯克燃煤电站动力岛项目,不仅具有重要的标志性意义,而且也具有极高的技术含量,合同标的额相对比较大。黑龙江天狼星电站设备有限公司牵头的经济联合体与俄方签订工程承包与劳务合作合同,合同金额达 194 亿卢布。

科技园区在中俄技术合作中也起到了关键性作用。莫斯科中俄友谊科技园、哈尔滨国际科技城和哈工大八达集团国家中俄科技合作及产业化中心、黑龙江省科学院对俄工业技术合作中心、黑龙江省农科院对俄农业技术中心、黑龙江大学中俄科技合作信息中心、哈尔滨焊接研究所中国—乌克兰技术合作中心等黑龙江省对俄科技合作平台,均开展了多领域的对俄科技合作。合作的领域主要集中在关键、核心技术以及航空航天等高新技术,重点加强了重要装备、工艺及技术的引进与开发,并建立了国内最大的对俄科技合作人才库,成立了对俄科技合作专家咨询委员会,在能源、新材料、环保、现代农业、生物医药等众多领域取得了一批重大科技成果。

吉林省以长春中俄科技园为平台与俄罗斯等独联体国家开展科技合作。长春中俄科技园是由吉林省政府和中科院,联合俄罗斯共同创建的特色园区,占地面积共计为 7 万平方米,其中包括综合孵化大厦以及两栋标准厂房。此外还建设了中俄菌类资源保护和繁育联合实验室、中俄稀土功能材料联合实验室等。现阶段,许多联合实验室也正处于筹备阶段,包括激光技术加工中心以及中俄空间光学联合实验室等,已经吸引 12 户企业入驻园区。该园积极推动中国与俄罗斯及独联体国家的科技合作,不仅促成了一批政府间的科技合作项目,组建了联合实验室(工程中心),还孵化出一批高新技术企业及产品。2007年,科技部出资支持长春中俄科技园 5 个对俄合作专项,支持经费达 3 200万元。

辽宁省与俄罗斯的人才技术合作也在日益加强。从 2001 年开始,在众多俄罗斯高技术项目中,辽宁省引进了 3 000 多个,而且也引进了大批的专业技术人才,人数高达 1 600 余人。从 2001 年开始,辽宁省在沈阳市举办俄罗斯高新技术展及引进俄罗斯专家项目洽谈会暨高新技术成果展。这个平台为辽宁省和俄罗斯在科技交流、引进技术等方面进行合作起到了积极的作用,进一步推进与俄罗斯在科技领域、技术创新方面的合作。

《中俄地区合作规划纲要》明确制定了发展规划,旨在促进中俄科技合作园区的发展,其中包括:哈尔滨中俄信息产业园、牡丹江中俄信息产业园("一园三区")、长春中俄科技合作园、辽宁中俄科技园、大连中俄高新技术转化基地、符拉迪沃斯托克中俄信息园区("一园三区")、帕尔吉然斯克中俄技术创新实验平台、阿穆尔州中俄农业技术转化中心。

合作办学亦是中俄科技和人才交流的一项重要手段。中俄合作办学取得可喜成果,远东联邦大学已与中国北京市、黑龙江省和辽宁省等地多所高校签署了合作办学协议,积极开展国际学术交流。2015 年建立的金砖国家网络大学是金砖国家高等教育多边合作的一大体现,由俄罗斯主导,中国、俄罗斯、印度、巴西、南非 5 国 56 所高校共同参与,整合各国优质教育资源,共同研究及联合培养高端人才,以发挥高等教育在国家战略决策和新兴经济体发展中日益重要的作用。网络大学秘书处设在俄罗斯乌拉尔联邦大学。

中国东北地区与俄远东地区均不是本国的科技高地,因此,技术扩散目前还不是两地间的主要合作方式。但总体来讲,俄方的技术水平要更高一些,远东地区也存在着值得东北地区吸收的科技成果,如远东哈巴罗夫斯克边疆区在航空、造船等领域的科技创新和生产具有优势。中国东北地区与俄远东地区的产业有趋同的地方,因此在这些领域吸收和借鉴技术成果显然更有针对性。

由以上分析可以看到,在工业领域,东北地区与俄远东地区技术的溢出方向与收入的溢出方向不一致,这或许是由于双方还未找到在此领域的明显优势。而从本国内其他地区吸收科技成果成本更低,这是区域经济一体化尚未成熟,区域相对独立的体现。但也并不意味着东北与远东地区的技术合作无潜力可挖。

农业合作是双方带有优势性和互补性的合作方向。俄远东地区耕地丰富,劳动力和农业技术却相对匮乏;东北地区农业生产繁荣,农业劳动力充足,技术水平高,可与远东地区形成农业生产分工合作。在农业生产方面,东北地区具有绝对的技术优势,可形成有效的技术溢出。中俄两国政府也正在这方面做出努力。2018 年 11 月,中俄农业部长共同签订了《中国东北地区和俄罗斯远东及贝加尔地区农业发展规划》,要共同发展两国边境地区的农业合作。以农业为突破口,找到两地区自发交流的需求,逐步向其他产业拓展,最终实现同频共振的效应。

综上,俄远东地区教育基础设施不足,政府虽然对完善基础设施和科学研究安排了一定的资金,然而联邦政府和州政府总体财力不足、资金落实不到位的现实状况往往导致该地区的创新能力不足。吸引外资和改善通讯基础设施的切实措施刚刚出炉,还未发挥出其实际效应。而技术与人才的交流,目前尚未找到正确的着力点。中国东北地区与俄远东地区都不是本国科学技术的高地,再加上政策法律原因及区域经济一体化尚未实现,距离通过技术溢出而实现经济增长和收入分配均衡还比较遥远。除了距离边境最近的区域,其资本和技术的转移主要来自国内。

5.1.2　中蒙基础设施建设效应的实证分析

5.1.2.1　降低区内交易成本

综合蒙古国当前的发展状况来看,在全国范围内,并未实现公路运输网络的全面覆盖。通过分析后发现,在蒙古国的交通运输中,主要是以铁路为主,运输能力相对比较落后。根据相关资料数据显示,在 2018 年,该国的国际物流绩效指数是 2.37,虽然从 2016 年的第 140 位攀升至第 130 位,但仍低于世界平均水平,不具有完善的交通基础设施建设,仍需要加大发展力度。

根据蒙古国国家统计局和二连浩特外事办统计,2017 年,蒙古国运输业总收入 13 577 亿图,同比增长 14%;运输货物 5 391 万吨,同比增长 33.5%;运送旅客 2.157 亿人次,同比减少 18.3%。其中,公路运输收入 5 064 亿图,同比增长 8.5%;运输货物 3 121 万吨,同比增长 53%;运送旅客 2.12 亿人次,同比减少 18.6%。铁路运输收入 5 291 亿图,同比增长 21.1%;运输货物 2 270 万吨,同比增长 13.6%;运送旅客 262 万人次,同比减少 0.8%。航空运输收入 3 222 亿图,同比增长 12.2%;运输货物 3 082.6 吨,同比减少 0.5%;运送旅客 82.54 万人次,同比增长 22.6%。

国内基础设施的落后,目前已经成为阻碍蒙古国发展最重要的因素,也导致了蒙古国对外部经济的依赖性比较强。蒙古国经济对外依存度很高,2019 年上半年,蒙古国 GDP 约为 67 亿美元,其对外货物贸易进出口总额约为 68 亿美元,比 GDP 还要高出 1 亿美元。从蒙古国对中国的出口来看,其对中国出口份额的增长迅速,从 2002 年的 42% 上升到 2018 年的 96%。2017 年蒙古国对中国的贸易顺差达到 38.56 亿美元,因此蒙古国对中国的出口依赖性非常强。蒙古国 99% 的煤炭、66% 的锌精矿和 89% 的钼精矿均出口到中国。进口方面,据中国海关统计,2018 年,中国对蒙出口 16.5 亿美元,虽然同比增长了 33.1%,但蒙古国从中国的进口份额增长却比较缓慢,2002 年是 24.28%,虽然 2011 年曾一度达到 30.67%,但在 2008 年却下滑到了 28.06%。因为蒙古国没有形成完整的工业体系,产出品类少,大量生产生活用品需要依靠进口。不仅从中国进口产品,还从俄罗斯、美国、日本、加拿大、德国、韩国等欧亚国家进口产品。从进口品种来看,蒙古国主要从中国进口电子产品、生活用品和粮食等,如电话及邮电设施、塑料及其制品、石油、服装、运输工具、机电产品、工程机械、建筑材料、纺织品、成品油、家具、白糖、水果、蔬菜等。

5.1.2.2　降低区际交易成本

中蒙俄经济走廊提出以后,中蒙之间的跨境基础设施建设加快。

铁路方面,白阿铁路、长白铁路如期转线贯通。策克口岸跨境铁路通道项目已于2016年5月26日正式开工建设,预计该铁路建成通车以后,策克口岸贸易量将大幅度提升。

公路建设方面,中蒙俄三个国家联合签署了《沿亚洲公路网政府间国际道路运输协定》,在三方的共同协商下,举行了卡车试运行活动。目前已建成四条中国境内与蒙古国相连的公路。乌兰巴托新国际机场高速公路于2018年10月全线贯通;扎布汗省114千米公路即将投入使用,67千米公路建设启动中。巴彦洪格尔省129.4千米公路于2017年6月开工。该项目完成之后,将会促使蒙古西部地区的交通情况得到显著改善,促进当地的经济发展,为居民生活提供更多的保障。

在口岸方面,中蒙之间的陆路边境口岸包括二连浩特在内共有13个,9个主要对蒙边境口岸承担了中蒙货运总量的95%。从国内看,内蒙古已经成功建设了四大口岸,即:满洲里、二连浩特、甘其毛都以及策克口岸,年进出境货运量均已经达到了1 000万吨。2018年,《策克口岸总体规划》《策克口岸控制性详细规划》编制完成,乌力吉公路口岸开始全面建设。

不过,总体来看,蒙古国虽加大了基础设施建设力度,但是其相对落后的局面仍未改变。贯穿中蒙俄经济走廊的主要交通基础设施通道为二连浩特(中)—扎门乌德(蒙)—乌兰巴托(蒙)—乌兰乌德(俄),其铁路、公路设施均存在等级较低、运能不足的问题,两国的合作力度落后于发展形势的需要,目前还难以产生实质性效应。

5.1.2.3　促进技术溢出

蒙古国科研技术水平欠发达,近几年开始重视对科研方面的投入。2007年2月蒙古国政府制定了《蒙古国科学技术2007—2020发展规划》,这是蒙古国民族发展综合纲领重要的组成部分。其规划目的在于发挥科技功能,带动"素质—科技—生产"一体化行动,在提供财政和法律保障的基础上,为国家经济增长提供科学方案和保障。同时,蒙古国从2007年开始投资改善研究条件,优化科技学术部门研究环境,包括为各大学、科学院更新设备、增加建筑、增加科技交流经费等。同时也为国家科学院技术中心、自然科学联合实验室、畜牧业高效率培种实验室、饲草料牲畜传染病诊断联合国级实验室、科技大学纺织品化学技术中心等 20 余个科学部门投资了 4.5 亿元。在此基础上,蒙古国制定和实施了 2008—2015 年行动细则,包括"创新科学经济""发展进步型技术""扶持国有大学的研究培训""培养青年科研人员"等计划。2010 年蒙古国政府 173 号文件中规定:2010—2014 年,政府将在自然环境的保护和利用、畜牧业经济的发展、蒙古人的发展、生活质量的提高和信息技术的普及等方面优先发展科学技术,并以这些领域为主题进行调查研究。此后,为了这些科技规划能顺利进行,《科技规划实施原则》《明确蒙古国科技发展的优先方向和主要领域原则》《科学技术各分支奖励原则》等相继出台。

2007 年蒙古国科学规划各分支共获得投资 13.92 亿元,比上一年增加了 1.4 倍。受经济形势影响,蒙古国随后对科技领域的投资有所减少,2008 年仅有 3 亿元的投资,2009 年减少到 700 万元,2010 年减少到 300 万元,2011 年减少到 150 万元。蒙古国科学技术部在 2014 年投入 10.6 亿元,实施了 191 个国家科研项目,2015 年投入 5.6 亿元实施了 154 个项目,2016 年投入 10 亿元完成了 188 个项目。由此可见,蒙古国历年的科研投入波动较大,没有形成连续、稳定增长。

中国一直为蒙古国科技发展提供无私援助,在两国领导人历次会晤中,均涉及科技合作方面的内容。2016 年中国为蒙方提供了价值 500 万元的生物高分子应用领域的高技术设备,并在人员培训、仪器设备等方面为蒙方提供了相应的帮助,这些设备能够提升蒙古国生物分子研究水平,促进蒙古国农牧业发展,给蒙古国群众带来更多实惠。

蒙古国正处于经济转型阶段,市场经济体制还不完善,技术创新发展水平低。20 世纪 90 年代初,蒙古国科学技术结构仍沿袭苏联模式。蒙古国科学技术的经费大部分用于职工的薪资发放及科研条件的改善,直接用于科研工作的仅有 11%。在总科研经费中,被用于科研院的共有 37%,分配到大学的有 10%,分配到企业的有 9%,作为研究成果补助金的共有 8%。在 1990 年以前,于蒙古国研究所工作的人员有 6 400 名左右。随着人们思想观念的转变,目前只有 3 562 名科研人员。这些都是蒙古国科学技术创新水平低、只能靠外来高新技术发展本土文化产业的原因所在。

对于人才和市场有限的蒙古国来说,依托科学技术的支撑,开发符合世界市场需求和要求的产品以出口,提高经济增长率、提高人民生活水平和质量至关重要。

蒙古国经济结构单一,采矿业和加工业的产值,占到工业总产值的 90% 以上,其产值占 GDP 的 20% 左右,缺乏弹性和互补能力,极易受到国际能源原材料市场价格波动影响,因此历年 GDP 增长率振动比较大。采矿业属于资本密集型行业,因此蒙古国对科技发展的内生动力不足,经济总量的变动受到科技水平变动的影响也不明显。然而,单一的经济结构和对不可再生资源的过度依赖,也使得蒙古经济发展的可持续性受到挑战。

5.2　三区域基础设施建设效应的实证分析

从中国、蒙古国和俄罗斯的地理位置分布上看,蒙古国位于中、俄之间,并且属于落后地区。如果降低落后地区与发达地区的交易成本,从理论上说可以吸引企业在落后地区落户,引发"中心区"效应超过本地市场效应,激发落后地区的经济起飞。

然而,正如前文论述到的,能否吸引企业到落后地区落户取决于落后地区的市场规模和区际的交易成本(贸易自由度 φ)的高低,即 $s_{EB} > \dfrac{1-\varphi}{3+\varphi}$。下面分析蒙古国是否符合上述条件,以及是否能吸引到足够的投资来发展经济。

所谓贸易自由度,表示的是基于一个贸易成本的函数($\varphi = \tau^{1-\sigma}$)而产生的,其变化趋势与区际贸易成本之间呈现为负相关的关系。φ 的取值在 0 到 1 这一范围内。假设取值为 0,则可说明贸易成本表示为无限大;如果取值是 1,说明地区之间不会具有贸易成本。由鲍得温(Baldwin)等研究成果可以得出,经济体系形成的聚集力主要由两个部分组成,即本地市场效应与价格指数效应。而经济体系形成的分散力,指的则是企业之间所产生的竞争效应。如果运输成本极高,经济体系形成的分散力显著加大,甚至会超过聚集力。当贸易成本降低之后,聚集力与分散力也逐渐下降。然而,相比于聚集力来说,分散力的减速更快,也就是说,当贸易成本降低至临界点时,分散力将会低于聚集力,这时经济活动也会产生一定的聚集效果。

当该项指标达到临界值 φ^B 之前,所产生的聚集力低于分散力,对于经济活动来说,也会在地区间进行分散布局;若是该指标大于临界值 φ^B,由于贸易自由度逐渐提升,处于核心区公司的聚集租金将会呈现出先升后降的状态(图 5 - 2)。如果该指标达到临界值之后,贸易成本逐渐下降,核心区公司产生的租金开始增长,若是下降至某一临界值,贸易成本也会进一步减少,核心区企业的经济收益也会随之减少。

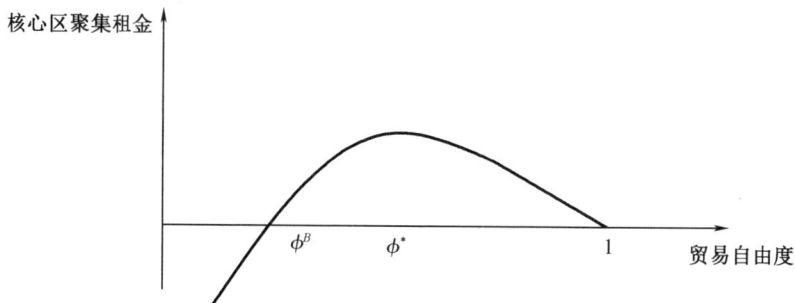

图 5-2 聚集租金随贸易自由度变化趋势

贸易自由度 φ 的设定。本书根据 2016 年由《华尔街日报》和美国传统基金会发布的经济自由度指数年度报告中给出的"贸易自由度"分数计算贸易自由度指数。计算公式为:

$$\varphi_M = \varphi_2 = \sum_{i=1}^{3}$$

此公式用来计算第 i 国贸易自由度分数,其中 1 为中国,2 为蒙古国,3 为俄罗斯。得出蒙古国的相对贸易自由度为 $\varphi_M = 0.325$,所以 $\frac{1-\varphi}{3+\varphi} = 0.203$。

再来估计 s_{EB}。因为宏观经济上常用总支出核算总产出,所以区域支出份额可以用产出份额去计算。利用三个区域(中国东北地区、蒙古国和俄罗斯远东地区)的 GDP 数据,求得 $s_{EB} = 0.010 < \frac{1-\varphi}{3+\varphi}$。由此看来,目前因为蒙古国自身市场过小,即便改善交通基础设施,降低交易成本,也很难在该国形成投资聚集。因此目前蒙古国的当务之急是增加收入,扩大本国市场,从而在一带一路构想中扩大自己的收益。

本章小结

本章对中蒙俄经济走廊区域间的政策进行实证分析。首先利用两区域模型,对中国东北地区和俄远东地区、中国东北地区和蒙古国间降低区内交易成本、降低区域间交易成本和促进知识溢出的政策分别进行了实证分析,实证结果显示,除了俄远东地区降低区内交易成本的效应得到了一定的显现以外,其他基础设施建设均因政府能力、效率、时间等原因,尚未发挥出其效应,或基础设施政策本身还没有完全落实到位。再利用三区域模型对中蒙俄经济走廊进行实证分析,居于"中心区"的蒙古国市场规模没有满足吸引企业落户的条件,其发展战略除了加强降低区域交易成本的基础设施建设以外,还应该重点提高经济收入水平。

第6章 中蒙俄经济走廊基础设施建设产出效应实证分析

本章以 3.3 讨论的基础设施建设产出效应理论为基础,利用计量经济模型进行定量分析。

6.1 基础设施选取及变量符号

基础设施建设的产出效应可以通过研究基础设施发展水平与地区生产总值的关系来揭示。在经济走廊的基础设施建设中处于重要地位的是交通邮电基础设施建设,所以本书在研究中蒙俄经济走廊基础设施政策外溢效应时选取了本走廊沿线地区交通邮电基础设施的一些代表性变量与 GDP 指标进行回归分析,这些交通邮电基础设施的指标代表着当地交通邮电基础设施的水平,反映了一个地区交通邮电基础设施政策的成果,因此该回归分析能反映中蒙俄经济走廊基础设施政策的外溢性。

在选取投资者指标时,主要从三个角度考虑:第一,数据必须有较强的代表性,每个变量能够代表某一类因素对基础设施的影响;第二,数据来源要具有连续性,避免数据的缺失给研究带来不利的影响。各变量的详细说明见表 6-1。数据选取的范围为中蒙俄经济走廊沿线省市包括北京、天津、河北、内蒙古、辽宁、吉林、黑龙江 7 省区市 2006—2018 年各指标的数值及地区生产总值,数据来源为国家统计局国家数据网(http://data.stats.gov.cn/index.htm)。

本文通过利用不同基础设施隐性指标的主成分分析构建一个综合基础设施指数,从而对其进行衡量,这样既可以避免指标的单一性,也可以使指标更加具有代表性。

表 6-1 变量定义和代码

变量类别	变量名称	变量符号
因变量	地区生产总值	LNGDP

表 6-1(续)

变量类别	变量名称	变量符号
解释变量	基础设施指标	JCSS
投资情绪因子	公共交通车辆运营数	X1
	运输线路长度	X2
	客运量	X3
	货运量	X4
	邮电业务总量	X5
	电信主要通信容量	X6
	互联网宽带接入端口	X7

6.2　实证分析

6.2.1　基础设施因子构建

主成分分析法(PCA)将相关多元属性的差异浓缩为一组非相关分量,每个分量都是原始变量的特定线性组合。这些非相关分量被称为主成分(PCS),并从初始变量协方差矩阵的特征向量中估计。主成分分析模型由式(6.1)给出

$$y_{n \times 1} = Q_{n \times j} x_{j \times 1} \tag{6.1}$$

其中,y 为 n 维向量,它是 x_j 的映射;x_j 为原始 j 维数据向量($n < j$)。在式(6.1)中,最大化 y 主轴方差的 n 个映射向量由数据集的协方差数据矩阵 C 的特征向量 g_1, g_2, g_m……给出,向量对应于 n 个最大的非零特征值 $\lambda_1, \lambda_2, \cdots \lambda_m$。协方差矩阵 C 的表达式为

$$C = \frac{1}{l-1} \sum_{i=1}^{l} (x-\mu)(x-\mu)^{\mathrm{T}} \tag{6.2}$$

其中,μ 等于 x 的平均向量,特征向量 g_i 通过求解以下方程得到

$$(c - \lambda_i I) g_i = 0 (i = 1, 2, \cdots, d) \tag{6.3}$$

其中,λ_i 是 C 的特征值。特征向量由特征值的大小排序。最后,选择了具有最大本征值的 n 个向量,利用式(6.4)计算 PCA 的映射矩阵:

$$Q = K^{\mathrm{T}} \tag{6.4}$$

因子分析通常通过 KMO 样本测度。若 KMO 值小于 0.5,说明不适合因子分析。KMO 在大于 0.7 的情况下,对应的值越接近于 1,越符合因子分析的条

件。本研究中只将因子得分等于或大于 0.5 的变量纳入因子分析,本文对基础
设施数据进行分析,结果如表 6 - 2。

表 6 - 2   基础设施正交旋转后的因素负荷矩阵和因素分析统计量

因素	因子 1	因子 2	方差解释率
公共交通车辆运营数	0.643	0.707	
运输线路长度	0.473	- 0.777	
客运量	0.45	0.543	
货运量	0.665	- 0.559	37.205
邮电业务总量	0.717	0.292	
电信主要通信容量	0.891	- 0.159	
互联网宽带接入端口	0.874	- 0.031	
因子分析	KMO	df	36.746
指标	0.740	21	
Bartlett Test of Sphercity	Approx. Chi - Square	Sig	方差总解释率
	395.583	0.000	73.951

本研究采用主成分分析法对基础设施进行因子分析,这种方法可以在众多
基础设施指标样本数据中提取出指数因子,代表基础设施的总体水平与因变量
进行回归,从而说明基础设施总体的外溢效应。

用 7 个变量表达的模型表示为

$$GDP = \alpha_0 + \alpha_1 X_1 + \alpha_2 X_2 + \alpha_3 X_3 + \alpha_4 X_4 + \alpha_5 X_5 + \alpha_6 X_6 + \alpha_7 X_7 + \varepsilon_{it}$$

该模型用 7 个不同维度的样本数据以不受限制的形式估计,而在聚合形式
中使用的是总体指数,模型表示为

$$LNGDP_{it} = \alpha_1 JCSS_{it} + C_{it} + \varepsilon_{it}$$

表中 KMO 值为 0.740,大于 0.5;Bartlett Test of Sphercity 对应的值为
395.583,对应的结果是显著的,结果提取了 2 个特征根大于 1 的公因子,共可
解释总体方差 73.951% 的总体变异(表 6 - 2)。其中,因子 1 解释变异
37.205%,因子 2 解释变异 36.746%。根据以上结果,对以下因子进行命名。
根据以往的问卷和研究,变量的命名如下:F1 为交通设施,F2 为电信设施。F1、
F2 所有的因子共同解释基础设施方差的解释比为 73.951%,表明基础设施数
据设计较合理,能够反映出基础设施水平。

根据旋转后的载荷估计计算各个因子得分,表 6 - 3 是得到的经正交最大化旋转后的因子得分系数矩阵。

表 6 - 3 因子得分矩阵

因素	因子 1	因子 2
公共交通车辆运营数	− 0.035	0.955
运输线路长度	0.881	− 0.224
客运量	− 0.058	0.703
货运量	0.867	0.066
邮电业务总量	0.308	0.71
电信主要通信容量	0.748	0.51
互联网宽带接入端口	0.646	0.59

6.2.2 基础设施综合得分的计算

结合因子得分函数,将实验得到的数据代入得分函数,就可以获得 N 个样本提取后的因子得分,即

F1 = − 0.035 × 公共交通车辆运营数 + 0.881 × 运输线路长度 − 0.058 × 客运量 + 0.867 × 货运量 + 0.308 × 邮电业务总量 + 0.748 × 电信主要通信容量 + 0.646 × 互联网宽带接入端口

F2 = 0.955 × 公共交通车辆运营数 − 0.224 × 运输线路长度 + 0.703 × 客运量 + 0.066 × 货运量 + 0.71 × 邮电业务总量 + 0.51 × 电信主要通信容量 + 0.59 × 互联网宽带接入端口

以 F1 及 F2 的方差贡献率作为权数调整后得到基础设施的综合得分函数(综合指标):

基础设施指标 = (37.205 × F1 + 36.746 × F2)/73.951

通过该基础设施综合指标的表达式,便可以得到样本基础设施得分,然后将该综合指标与解释变量和控制变量一起进行回归。

6.2.3 描述性统计

表 6 - 4 为地区生产总值、公共交通车辆运营数、运输线路长度、客运量、货运量、邮电业务总量、电信主要通信容量、互联网宽带接入端口等的描述性统计

分析,显示出各变量的最小值、最大值、平均值和标准差。

表6-4　数据的描述性统计

	N	最小值	最大值	平均值	标准差
地区生产总值	91	4 275.1	36 010.3	16 062.4	7 436.1
公共交通车辆运营数	91	4 124.0	30 966.0	15 116.2	6 712.3
运输线路长度	91	1.210	21.780	11.032	6.560
客运量	91	5 443.0	142 731.0	53 119.6	32 726.1
货运量	91	19 877.0	249 323.0	97 498.0	71 422.0
邮电业务总量	91	176.3	3 170.3	670.6	460.6
电信主要通信容量	91	1 480.0	15 540.2	6 400.9	3 412.4
互联网宽带接入端口	91	69.9	4 192.4	1 036.2	954.2

6.2.4　相关分析

表6-5为基础设施指标与其余变量间的相关分析系数表。

表6-5　基础设施综合指标与其余变量间的相关分析

	GDP	X1	X2	X3	X4	X5	X6	X7
GDP	1							
X1	0.627 4*	1						
X2	0.218 9*	−0.243	1					
X3	0.292 2*	0.607 5*	−0.061	1				
X4	0.600 2*	0.026 9	0.660 1*	0.114 9	1			
X5	0.565 4*	0.582 7*	0.114 9	0.300 7	0.271 4	1		
X6	0.766 2*	0.474 5*	0.552 2*	0.307 6	0.572 0*	0.478 8*	1	
X7	0.850 0*	0.568 5*	0.324 8*	0.151 7	0.550 1*	0.589 6*	0.766 0*	1

　　结果显示:公共交通车辆运营数、运输线路长度、客运量、货运量、邮电业务总量、电信主要通信容量、互联网宽带接入端口与因变量GDP的相关系数分别为0.627 4、0.218 9、0.292 2、0.600 2、0.565 4、0.766 2、0.85,均具有显著的统计学意义,通过以上的分析可以得出,基础设施中的7个变量均与基础设施指

数有很强相关,这是符合本文的预期的。其中,公共交通车辆运营数、运输线路长度、客运量、货运量、邮电业务总量、电信主要通信容量、互联网宽带接入端口等数值越高,GDP 越高。影响强度由高到低依次是:互联网宽带接入端口、电信主要通信容量、公共交通车辆运营数、货运量、邮电业务总量、客运量和运输线路长度。这说明信息化时代,网络通信基础设施的运用对传播知识、提升生产效率作用较强,现代经济增长高度依赖技术信息的传播,全要素生产率的作用越来越显著。中蒙俄经济走廊建设要高度重视信息通讯基础基础设施的建设和完善。传统的以运输线路长度为代表的交通基础设施,虽然对经济增长起到一定正向作用,却因其日趋完善,边际效用递减,对经济增长的贡献率掉到了末位。

表 6 - 6 为本文以 LNGDP 为因变量的所有模型的回归结果,对于大样本数据采用修正异方差和自相关的 GLS 分析结果为结果。

表 6 - 6　LNGDP 回归指标总结表

VARIABLES	OLS	RE	FE	GLS
	LNGDP	LNGDP	LNGDP	LNGDP
JCSS	0.562 * * *	0.645 * * *	0.734 * * *	0.564 * * *
	12.57	11.34	10.70	15.86
Constant	9.571 * * *	9.571 * * *	9.571 * * *	9.550 * * *
	304.23	171.80	340.13	337.77
Observations	91	91	91	91
R - squared	0.640		0.580	
Number of ID	7	7	7	7

Standard errors in parentheses; * * * p < 0.01, * * p < 0.05, * p < 0.1

通过以上分析,可以得到如下结论:JCSS 可以对 LNGDP 产生显著的影响,JCSS 可以对 LNGDP 产生显著的正向影响。以上结果说明基础设施越好,LNGDP 水平越高。

本章小结

本章选取中蒙俄经济走廊沿线北京、天津、河北、内蒙古、辽宁、吉林、黑龙江 7 省区市 2006—2018 年交通邮电基础设施的一些代表性指标的数值及地区生产总值进行研究。利用中蒙俄经济走廊交通基础设施的相关数据代表经济走廊基础设施建设水平,运用主成分分析法进行因子分析,根据因子得分函数获得样本提取后的因子得分,并与解释变量和控制变量一起进行回归,分析出了基础设施政策的外溢效应,表明基础设施越好,经济总量水平越高。

第7章 中蒙俄经济走廊基础设施建设开放效应的实证分析

本章以 3.4 经济走廊基础设施建设开放效应理论为基础,对中蒙俄经济走廊的开放效应进行实证分析。在对经济走廊国内沿线地区对外开放度进行测度的基础上进行纵向和横向的对比分析,再对对外开放度的影响因素进行实证分析。

7.1 中蒙俄经济走廊沿线对外开放度测度

7.1.1 对外开放度的计算方法

对外开放度的衡量一般从两个维度去考虑:就是本国的输入与输出。输入是本国从国际市场上获得了什么以及获得的数量。一国出于自身的发展考虑,会从世界市场上输入本国不具有生产比较优势的产品、本国奇缺的资本、科学技术以及国际上的人力资本,即便是人口密度很高的国家,高精尖的人才也是稀缺商品。我国的改革开放就是从"引进来"起步的,这项政策,使中国在发展初期阶段获得了各种宝贵的资源。向世界的"输出"本身就代表一种实力,出口商品和劳务能够拉动经济增长,向外资本输出有利于本国资本的扩张和国民收入的提高。因此,推动开放度提高,需要"输入"和"输出"两方面的增加。这两个维度可以从国际贸易、国际资本流动、国际金融和国际劳务四个方面去考察。然而出于对数据来源和中蒙俄经济走廊现实情况的考虑,我们主要选择了目前的"贸易开放度"和"资本开放度"作为中蒙俄经济走廊国内沿线对外开放度的测度指标。具体计算方式为

$$贸易开放度\ RT = \frac{进出口总额}{地区生产总值} = \frac{X+M}{GDP}$$

$$资本开放度\ RK = \frac{实际利用外资总额}{地区生产总值} = \frac{FDI}{GDP}$$

$$对外开放度 = 贸易开放度 + 资本开放度$$

$$OPEN = RT + RK$$

7.1.2　中蒙俄经济走廊沿线的对外开放度

本文利用建立的对外开放度测量指标体系,搜集中蒙俄经济走廊国内沿线地区具有代表性的省市数据,绘制出了中蒙俄经济走廊国内沿线地区贸易开放度、资本开放度和对外开放度的曲线(图7-1)。本书所利用的数据来自北京、天津、河北、呼和浩特、大连、沈阳、长春、哈尔滨和呼伦贝尔2010—2018年《统计年鉴》和《经济和社会发展统计公报》。

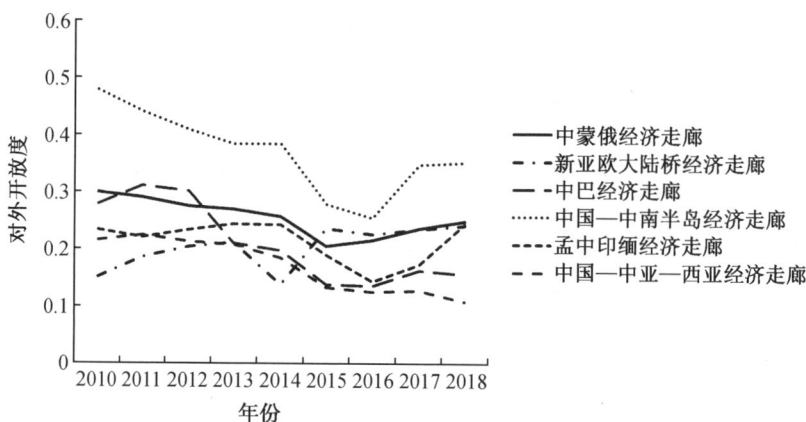

图7-1　中蒙俄经济走廊沿线地区对外开放度

从图中可以观察到:2010—2018年,中蒙俄经济走廊国内沿线地区贸易开放度在2011年达到顶峰,之后一路下滑,2016年到达最低点并重新掉头向上,体现了一定的波动趋势。原因有两方面,从国外需求角度看,继2008年金融危机之后,世界经济虽然产生了一波短暂复苏,但深层次矛盾并未解除,欧债危机又接踵而至,并在2011年不断深化,发达经济体自身经济增长乏力,贸易保护主义不断抬头,人民币不断面临升值压力,外国对我国出口产品的需求下降,这一时期的出口增长缓慢甚至下降是一个系统性的结果。从国内的需求来看,"新常态"下,经济增速逐步放缓,国内企业面临着需求下降与成本上升的双重压力,居民收入水平增长较慢,影响了进口的增长,因此这一时期的贸易开放度不断下降。2014年中蒙俄经济走廊被提出,2015年相应政策开始不断落地实施,在"一带一路"政策的带动和提振下,中国的对外贸易得到了一定程度的复苏,具体则体现在贸易开放度的提升上。这一时期的资本开放度相对比较平稳,但总体下滑。这与国内实际利用外资占 GDP 的比重不高以及这一数值本身不大相关。发达国家的经济不景气,企业投资信心不足,对外投资必然减少。随着中国劳动力工资上升,外国对中国的投资的成本也在不断上升,加之越南、印度尼西亚等国家成为新兴的投资热点,投向中国的外国资本不断溢出,外部投资替代了向中国本土的投资,致使中国相关地区资本开放度下降。但在总体下降的趋势下,2017 年出现了一次明显上升。

对外开放度是资本开放度和贸易开放度之和,由于资本开放度比较低,因此其影响比较小,对外开放度曲线的变化主要是由贸易开放度决定的,因此两条曲线比较接近,变化趋势基本一致。对外开放度亦是在 2011 年以后下降,2016 年以后上升。从对外开放度的走势判断,中蒙俄经济走廊的基础设施政策正在发挥效应。

7.1.3　中蒙俄经济走廊沿线省市的对外开放度

中蒙俄经济走廊国内沿线地区省市对外开放度也不均衡,把上述 9 省市的 2010—2018 年的对外开放度绘制在一张图里(图 7-2)可以看出:对外开放度最高的是北京,远远高于其他地区;而对外开放度排在最末位的是呼和浩特市;天津和大连同属北方沿海前线城市,尽管对外开放度处于同一水平,但大连近年开放度的上升势头更加强劲;其余的东北城市开放度水平比较相似,均在 0.1~0.3 之间徘徊,其中长春 2013 年前的对外开放度均超过了 0.3,然而后劲不足,到 2018 年只有 0.15,落后于沈阳。9 省市最高的开放度与最低的开放度相差 22 倍,开放度比较低的地区亟须提高开放度。

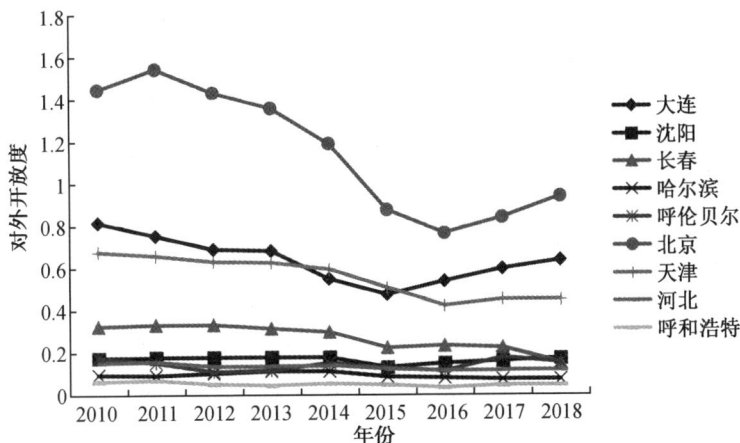

图 7-2　中蒙俄经济走廊国内沿线省市对外开放度

7.2 "一带一路"经济走廊沿线对外开放度的比较分析

"一带一路"包含六大经济走廊,分别是:中蒙俄经济走廊、亚欧大陆桥经济走廊、中国—中亚—西亚经济走廊、中国—中南半岛经济走廊、中巴经济走廊和孟中印缅经济走廊,是《推动共建丝绸之路经济带和21世纪海上丝绸之路的愿景与行动》中提出重点推进的项目。虽然在同一时间被提出来,但是各个经济走廊因为所处的地理位置不同,开放基础不同,以及受到不同国家内外经济政策的影响,所体现出的发展状态必然有所差异。开放度的测量在地区开放水平的衡量方面发挥着重要作用。本节会通过计算一带一路六大经济走廊国内沿线地区的对外开放度,来比较分析中蒙俄经济走廊在建设过程中的优劣势,并根据分析结果为中蒙俄经济走廊的建设提供一些建议。

7.2.1 样本选取

在样本选取方面,本文选取了"一带一路"六大经济走廊在国内普遍得到认可的沿线节点城市(或省区)进行计算。"一带一路"倡议的主旨在于推动西部地区和边疆地区开放和发展,京津冀地区属于相对发达地区,北京、天津对开放度指数的拉动作用会比较强,对实际情况的判断产生了干扰,因此在中蒙俄经济走廊的样本选取上只保留了东北一线的相应地区,具体如下:

中蒙俄经济走廊(东北部分)——大连、沈阳、长春、哈尔滨、呼伦贝尔;

新亚欧大陆桥经济走廊——连云港、徐州、郑州、洛阳、西安、宝鸡、兰州、武威、金昌、张掖、酒泉、嘉峪关、哈密、吐鲁番、乌鲁木齐、石河子、伊犁、博尔塔拉;

中国—中亚—西亚经济走廊——新疆;

中国—中南半岛经济走廊——南宁、梧州、崇左、肇庆、广州、昆明、玉溪、西双版纳、普洱。

中巴经济走廊——乌鲁木齐、喀什;

孟中印缅经济走廊——南宁、昆明、瑞丽。

对上述地区2010—2018年的地区生产总值、进出口总额和实际利用外资总额的数据进行搜集,数据来源为各地区的《统计年鉴》和《国民经济和社会发展统计公报》。数据不全面的地级市(州),就用所在省数据乘以以GDP占比为权数的数值代替。其中实际利用外资额数据缺失的就用外商直接投资额数据代替,并且部分地区这一指标在2017年以后,由于统计口径发生了变化,会对数据的平稳性造成一定程度的干扰,这种情况需要在分析时加以注意。需要进行汇率转换的数据,采取的是当年美元兑换人民币的平均汇率。

7.2.2　对外开放度统计分析

对以上数据进行统计计算,得出的各个经济走廊国内沿线地区的对外开放度如下。

7.2.2.1　2018 年六大经济走廊的对外开放度

2018 年六大经济走廊国内沿线城市对外开放度如图 7 - 3:其中开放度最高的是中国—中南半岛经济走廊的沿线城市,为 0.36。其主要原因在于东部沿海城市的开放基础比较好,开放度比较高。中蒙俄经济走廊的开放度居于第二位,为 0.27。这说明目前中蒙俄经济走廊的发展程度居于六条经济走廊的前列,对周边地区开放产生了较好的带动作用。中国—中亚—西亚经济走廊是古丝绸之路的再现,古代繁荣的通商之路如今却处于经济走廊当中开放度最低的位置,提升这一地区的对外开放度和经济交往水平需要全区域人民共同努力发展经济,并坚决地与民族极端主义和恐怖主义做斗争。

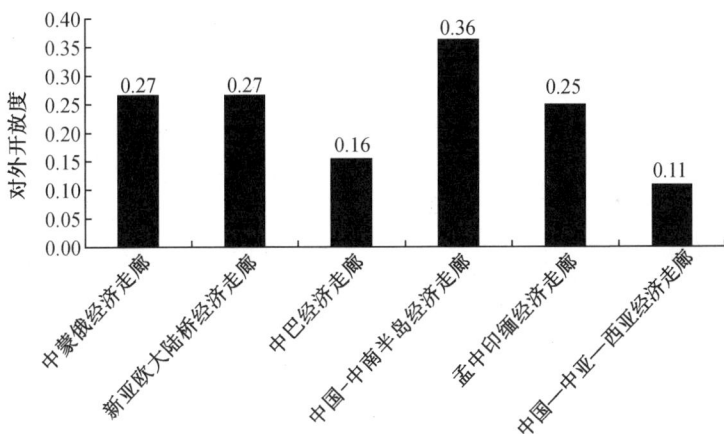

图 7 - 3　2018 年六大经济走廊对外开放度

在"一带一路"的经济走廊沿线对外开放度方面,除了中国—中南半岛经济走廊以外,其他经济走廊沿线城市的开放度都没有达到 0.3,属于偏低水平。这是因为"一带一路"经济走廊多处在西部边疆欠发达省区,经济水平和开放基础较差,"一带一路"还需结合东北振兴和西部开发的区域政策逐步发挥作用,综合提升沿线地区的经济水平和开放程度。

7.2.2.2　时间序列六大经济走廊对外开放度

1. 贸易开放度

表7-1和图7-4给出了2010—2018年"一带一路"六大经济走廊国内沿线城市的贸易开放度。

表7-1　2010-2018年六大经济走廊贸易开放度

年份	中蒙俄经济走廊	新亚欧大陆桥经济走廊	中巴经济走廊	中国—中南半岛经济走廊	孟中印缅经济走廊	中国—中亚—西亚经济走廊
2010	0.298 287	0.150 986	0.278 289	0.477 785	0.233 514	0.214 831
2011	0.289 461	0.185 236	0.311 018	0.440 138	0.219 89	0.224 107
2012	0.273 773	0.204 129	0.299 502	0.408 588	0.233 143	0.212 639
2013	0.269 417	0.211 435	0.209 698	0.383 675	0.243 584	0.206 863
2014	0.256 95	0.137 492	0.197 443	0.384 014	0.241 729	0.184 828
2015	0.205 255	0.236 112	0.137 596	0.278 259	0.188 74	0.132 706
2016	0.214 884	0.224 824	0.135 798	0.254 092	0.142 937	0.125 44
2017	0.235 271	0.234 541	0.162 626	0.347 773	0.172 827	0.128 191
2018	0.248 82	0.241 121	0.155 621	0.351 565	0.242 871	0.108 544

由图7-4中可知,除了新亚欧大陆桥经济走廊,其他经济走廊沿线城市开放度都在2016年之前呈现出了下降的趋势,并在2016年之后有所回升,而新亚欧大陆桥经济走廊实则也经历了先跌后涨的过程,只不过拐点来得较早,在2015年就出现了止跌回涨的局面。

21世纪初,中国经济增长率下降,逐渐步入到新常态的发展轨道上来。随着国际、国内经济形势的变化,中国外向型经济的拉动作用逐步减弱。正值我国对外经贸关系亟须转型升级之际,党中央、国务院提出了"一带一路"的愿景计划,并于2015年开始付诸实施。图中大部分走廊的拐点出现在2016年,说明"一带一路"倡议产生了效应,该政策能够促进"一带一路"沿线经济体的进出口贸易,但其效应具有滞后性,滞后期为1年左右。而涉及基础设施建设政策方面,滞后期还要更长一些,因此随着"一带一路"倡议的逐步落地,其效应也逐步扩散,必然带来沿线地区更多的对外贸易和更高的开放度。新亚欧大陆桥作为联通亚洲和欧洲的铁路干线早在1990年就已经建成贯通,"一带一路"倡议的提出对它产生了激活作用,因此没有产生滞后效果。

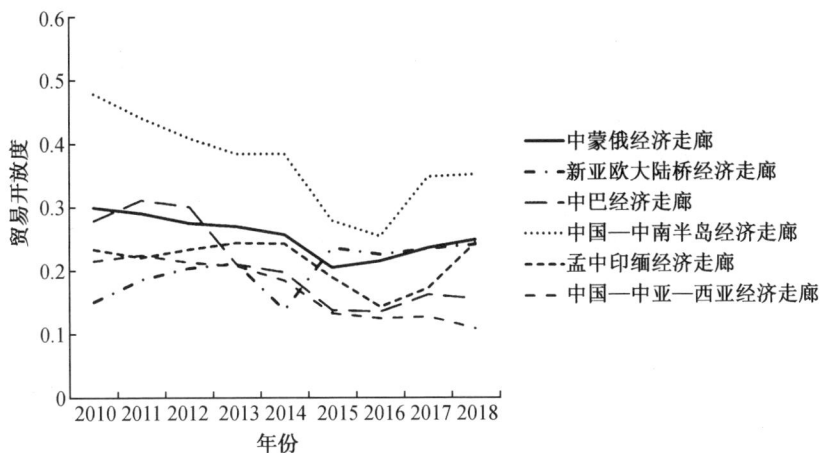

图 7-4　2010-2018 年六大经济走廊贸易开放度变化

中蒙俄经济走廊对外贸易基础比较好,开放度表现比较平稳;新亚欧大陆桥经济走廊贸易增长最为迅速,虽然 2010 年的贸易开放度远不及中蒙俄经济走廊地区,但 2015—2016 年一度超过后者,目前两地区贸易开放度持平;中巴经济走廊和中国—中亚—西亚经济走廊贸易开放度趋势整体向下,虽然 2010 年开放度并非最低,但如今已经落入底部。

2. 资本开放度

表 7-2 和图 7-5 反映了 2010 年到 2018 年"一带一路"六大经济走廊沿线国内城市的资本开放度。

表 7-2　2010-2018 年六大经济走廊资本开放度

年份	中蒙俄经济走廊	新亚欧大陆桥经济走廊	中巴经济走廊	中国—中南半岛经济走廊	孟中印缅经济走廊	中国—中亚—西亚经济走廊
2010	0.069 328	0.027 594	0.006 272	0.023 966	0.020 183	0.002 973
2011	0.061 651	0.028 616	0.005 683	0.021 521	0.019 847	0.003 290
2012	0.062 710	0.028 498	0.005 700	0.020 835	0.019 580	0.003 447
2013	0.064 058	0.027 437	0.006 075	0.019 842	0.019 346	0.003 610
2014	0.033 603	0.027 365	0.006 017	0.019 943	0.021 579	0.002 786
2015	0.028 235	0.026 717	0.006 396	0.019 214	0.021 707	0.003 055
2016	0.034 906	0.027 458	0.005 551	0.013 909	0.007 512	0.002 799

表 7 - 2（续）

年份	中蒙俄经济走廊	新亚欧大陆桥经济走廊	中巴经济走廊	中国—中南半岛经济走廊	孟中印缅经济走廊	中国—中亚—西亚经济走廊
2017	0.037 489	0.026 408	0.000 397	0.013 74	0.007 327	0.001 217
2018	0.018 705	0.026 124	0.000 270	0.013 232	0.006 668	0.001 112

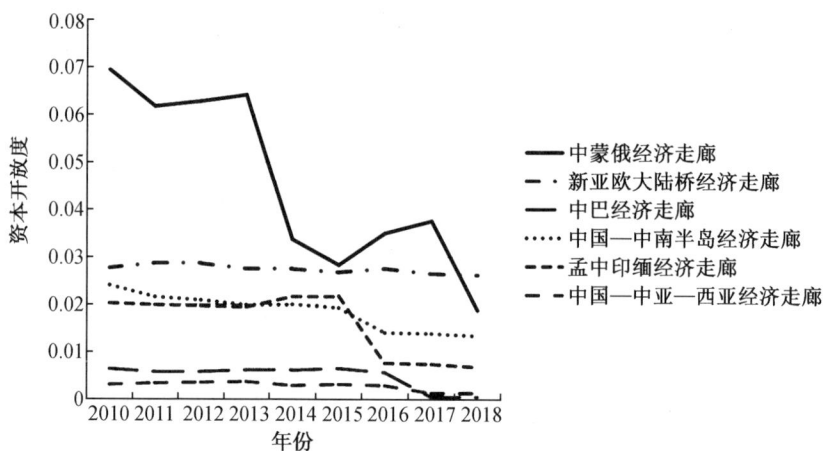

图 7 - 5　2010—2018 年六大经济走廊资本开放度变化

观察图 7 - 5，在资本开放度方面，各个经济走廊层次非常明显，且随时间推移总体呈下降趋势。其中，最为稳定的是新亚欧大陆桥经济走廊沿线地区。中蒙俄经济走廊波动和下滑最为明显，除了自身吸引外资能力下降的因素以外，统计口径调整也很大程度影响了这一地区资本开放度的变化。

3. 对外开放度

表 7 - 3 和图 7 - 6 反映了 2010—2018 年六大经济走廊国内沿线城市对外开放度的整体变化情况。

表 7 - 3　2010—2018 年六大经济走廊对外开放度

年份	中蒙俄经济走廊	新亚欧大陆桥经济走廊	中巴经济走廊	中国—中南半岛经济走廊	孟中印缅经济走廊	中国—中亚—西亚经济走廊
2010	0.367 615	0.178 58	0.284 562	0.501 75	0.253 697	0.217 804
2011	0.351 112	0.213 852	0.316 701	0.461 659	0.239 737	0.227 397
2012	0.336 483	0.232 626	0.305 202	0.429 423	0.252 724	0.216 085

表 7 -3（续）

年份	中蒙俄 经济走廊	新亚欧大陆 桥经济走廊	中巴经济 走廊	中国—中南半 岛经济走廊	孟中印缅 经济走廊	中国—中亚— 西亚经济走廊
2013	0.333 474	0.238 872	0.215 773	0.403 517	0.262 930	0.210 473
2014	0.290 553	0.164 857	0.203 460	0.403 958	0.263 308	0.187 613
2015	0.233 49	0.262 829	0.143 992	0.297 472	0.210 447	0.135 761
2016	0.249 791	0.252 282	0.141 349	0.268 001	0.150 449	0.128 238
2017	0.272 760	0.260 949	0.163 023	0.361 514	0.180 154	0.129 408
2018	0.267 524	0.267 245	0.155 891	0.364 797	0.249 538	0.109 656

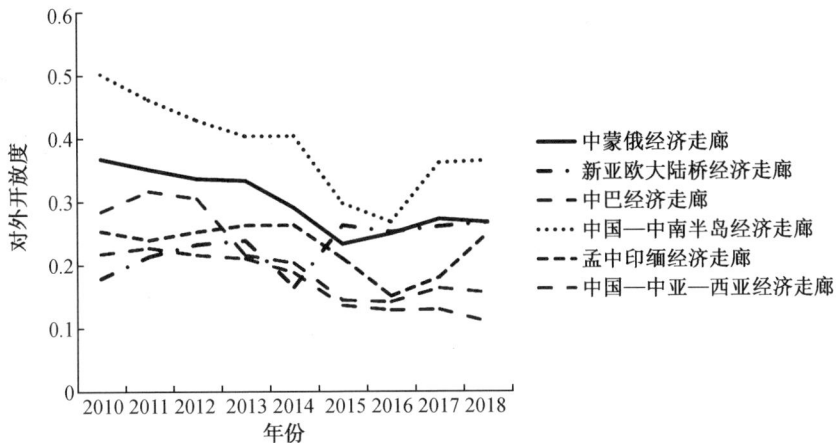

图 7 - 6　2010—2018 年六大经济走廊对外开放度变化

对比图 7 - 6 与图 7 - 4,对外开放度的趋势与贸易开放度趋势相似,变化不大。再观察三张表的数据,发现贸易开放度比资本开放度整体至少高一个数量级,因此可以说资本开放度对对外开放度的影响不大,某些情况之下甚至可以忽略不计,对外开放度主要是由贸易开放度决定的。目前中国的开放水平也主要由进出口水平决定,提升开放能力的关键要素在于提升对外贸易能力。

7.2.3　经济走廊间的借鉴

在六大经济走廊中,中国—中南半岛经济走廊贸易自由度最高,新亚欧大陆桥经济走廊开放度发展最为健康,两者发展经验是最值得中蒙俄经济走廊借鉴的。

首先,发展差异来自贸易便利化水平。据"人民智库"的测算,新亚欧大陆桥经济走廊和中国—中南半岛经济走廊的贸易便利化程度最高,具体表现为:其在对接国家政府治理能力与政策环境、海关与边境管理、物流与基础设施等方面都领先于其他经济走廊。目前,中国与中南半岛国家的合作取得了巨大进展,形成了公路、铁路、水运、航空等全方位、立体化的交通网络,构建了跨境多式联运等跨境物流体系,实现能源、信息的跨境传递,打造立体口岸网络,积极推进搭建通关便利化体系。新亚欧大陆桥国际化交通干线,极大地缩短了欧亚之间的路上运输距离,连接了 15 个欧洲国家,全长 10 900 千米,在此线路上运行的标准化国际集装箱联运班列——中欧班列,累计运行了超过 1.4 万列,节省了过去近一半的海运时间和五分之四的空运成本。相比于前两者,中蒙俄经济走廊所对接的蒙古国和俄罗斯联邦在政治和法律环境上都存在不稳定因素,贸易壁垒也没有完全消除。物流与基础设施方面,中蒙俄经济走廊在六条线路中排名垫底。经济走廊是沟通中国与周边国家和地区的桥梁,是“一带一路”倡议得以贯彻实施的主要依托,除了要打通国内各个部分的关节,还要能够与外部联通才能发挥其关键作用。中国应加强与蒙俄两国自上而下的沟通,有所侧重地向蒙、俄倾斜资源,加快基础设施和通道建设,这是提升中蒙俄经济走廊贸易便利化水平的关键所在。

其次,中蒙俄经济走廊通关口岸的建设与其他走廊相比也存在一定的差距。根据穆沙江·努热吉对“一带一路”经济走廊节点城市产业发展潜力的测评,虽然中蒙俄经济走廊沿线口岸有 4 个(满洲里、二连浩特、珲春和绥芬河)具有一级产业发展潜力,占到一级潜力口岸的近 50%,但是四级(最末级)产业发展潜力的口岸也有 11 个,是所有经济走廊当中最多的,此外还有 4 个三级发展潜力的口岸。因此总体评分较低。这也说明中蒙俄经济走廊口岸建设不均衡,还存在短板,对沿线重点口岸的依赖性过重,这就造成非全面性的开放。根据引力模型理论,地区之间的相互作用与吸引力成正比,与相互作用的成本成反比,因此城市的开放度很大程度上取决于距离重点口岸城市的远近,距离越近成本越低,距离越远成本越高,这就会对经济走廊沿线城市开放产生一定制约。因此加强薄弱口岸建设是中蒙俄经济走廊计划稳步推进的重要保障。利用口岸城市的便利条件,提升口岸城市本身的产业链参与能力,重点发展机电产业、机器工具、运输装备制造业以及原矿、木材、畜牧的加工产业。另外,目前经济走廊对沿线口岸的支撑作用也比较小,在诸多贡献因素中影响力最弱,特别是中蒙俄经济走廊。据测算,经济走廊支撑在口岸产业发展潜力测算 5 项指标中的贡献率只占到 3%;而中蒙俄经济走廊该项指标贡献的份额只占到全部经济走廊份额的 14%,平均水平仅好于中巴经济走廊。说明中蒙俄经济走廊本身的影响力亟待提高。

再次，与中国—中南半岛经济走廊和新亚欧大陆桥经济走廊相比，中蒙俄经济走廊缺少对外合作的平台。新亚欧大陆桥经济走廊中哈(连云港)物流合作基地早在2014年就投入运营，是"一带一路"最早成立的实体合作平台；中哈霍尔果斯国际边境合作中心是中外合和建立的首个边境合作中心，于2012年封关试运营。中心内实行的免签政策，极大地便利了中哈间商贸合作交流和洽商。中国—中南半岛经济走廊的境外产业园区更是发展得如火如荼，已在6个国家建成了23个境外产业园区：柬埔寨7个、老挝5个、马来西亚2个、泰国3个、越南5个、缅甸1个。此外还有4个国家级境外产业园区获批。这些产业园区在促进合作国家人口就业、吸收投资、修建基础设施、助力经济发展方面起到了巨大作用，对于沟通民心，减少合作阻力也非常有帮助。目前，中蒙俄经济走廊在合作方面就存在一定程度的信任缺失，给合作的实施带来了实质性的阻力。除二连浩特—扎门乌德跨境经济合作区以外，实体合作平台很少，尤其是东北地区，更是缺少相应的合作机制。尽快搭建东北地区与蒙、俄的合作平台，引入先进的科学技术人才，是聚集资本、改善沟通、谋求合作的重要手段，并能为区域经济一体化打下坚实的基础。

7.3　中蒙俄经济走廊建设开放效应影响因素分析

7.3.1　影响因素的变量选择

理论上能够影响到对外开放度的因素有很多，如经济增长水平、人均收入水平、地理位置、资源环境、科技水平、人力资本、政府管制、基础设施、对外政策、文化包容度、城镇化水平等等。结合中蒙俄经济走廊自身特点以及变量的代表性和数据的可得性考虑，同时经过查找大量类似研究资料所获得的间接经验，本文主要立足于三方面去考察影响中蒙俄经济走廊沿线地区对外开放度的因素，即经济增长率、运输能力及交通便利性和对外包容度。并有针对性地选取了三个指标进行量化分析：用GDP增长率表示经济增长率，用货运量占GDP的比重表示运输能力和交通便利性，用人口迁入比例表示对外包容度，变量的详细说明如表7-4所示。在省市选择方面，选择了数据完整性比较好的北京、天津、河北、呼和浩特、大连、沈阳、长春、哈尔滨作为中蒙俄经济走廊国内沿线重要节点城市，利用上述城市2010年—2017年的对外开放度、GDP增长率、货运量占GDP的比重和人口迁入比例的面板数据回归建立计量经济模型，数据来源于各省市的统计年鉴。

表 7 - 4　变量定义和代码

变量类别	变量名称	变量符号	变量定义
因变量	对外开放度	OPEN	贸易开放度 + 资本开放度 $= \dfrac{X + M + FDI}{GDP}$
解释变量	经济增长率	ES	$\dfrac{GDP_t - GDP_{t-1}}{GDP_{t-1}}$
	人口迁入比例	PEOPLE	外地人口迁入数量/本地人口总数
	每百元 GDP 货运量(吨)	GRFVGDP	货运周转量(吨)/生产总值(百元)

7.3.2　模型的设定分析

设定线性模型：

$$OPEN_{i,t} = a_0 + a_1 ES_{i,t} + a_2 PEOPLE_{i,t} + a_3 GRFVGDP_{i,t} + \xi_{i,t}$$

变量的描述性统计见表 7 - 5。

表 7 - 5　变量的描述性统计

variable	N	min	max	mean	p50	sd
OPEN	64	0.032 6	1.540 7	0.388 6	0.199 2	0.383 2
ES	64	- 0.047 0	0.176 0	0.089 7	0.082 5	0.036 7
PEOPLE	64	0.000 2	0.324 9	0.043 3	0.006 2	0.096 2
GRFVGDP	64	0.008 5	0.097 9	0.041 1	0.034 7	0.023 0

首先进行相关性分析,各变量的关系值见表 7 - 6。

表 7 - 6　OPEN 与影响因素之间的相关性分析

	OPEN	ES	PEOPLE	GRFVGDP
OPEN	1			
ES	0.395 2 *	1.000 0		
PEOPLE	0.248 *	0.238 4 *	1.000 0	
GRFVGDP	0.361 1 *	0.068 1	0.113 8	1.000 0

* 表示在 0.05 水平上显著相关

本文使用 STATA 16.0 对模型进行估计,在以下的实证分析中,只给出以对外开放度为因变量的详细的分析过程。

共线性诊断:

表7-7　共线性诊断

Variable	VIF	1/VIF
PEOPLE	1.08	0.926
ES	1.07	0.934
GRFVGDP	1.02	0.977

根据表7-7得出自变量和控制变量的 VIF 最大值为1,远远低于多重共线性的标准(VIF=10)。因此,模型不存在明显的多重共线性问题。

7.3.3　F 检验和 Hausman Test

在回归过程中,本文分别对混合模型和固定效应模型进行 F 检验、对固定效应模型和随机效应模型进行了 Hausman 检验,检验结果见表7-8。

表7-8　F 检验和 Hausman Test 结果

F 检验	F	77.15
	P	0.000 0
Hausman Test 结果	chi2	22.31
	Prob > chi2	0.000 0

如果通过 F 检验结果(Prob=0.000 0<1%),则表明应当使用个体效应模型。本文通过 Hausman Test 结果(Prob=0.000 0<1%)表明应当使用固定效应模型。

7.3.4　模型估计

利用固定效应模型对方程系数进行估计,结果见表7-9。

表7-9　固定效应计量分析结果

OPEN	Coef.	Std. Err.	t	P > t	[95% Conf.	Interval]
ES	1.085 17	0.465	2.330 0	0.023 0	0.152 7	2.017 6
PEOPLE	0.260 78	1.310	0.200 0	0.843 0	-2.889 0	2.367 5
GRFVGDP	3.781 72	2.331	1.620 0	0.111 0	-0.893 8	8.457 3
_cons	0.147 22	0.127	1.160 0	0.252 0	-0.107 9	0.402 4
R - sq: within	=	0.785		F(3,25)	=	14.01
between	=	0.605		Prob > F	=	0.000
overall	=	0.695				

面板分析由于含有时间序列和截面数据的共同特点,因此有可能存在异方差和自相关,因此需要进行自相关和异方差检验和修正。相关检验见表7-10。

表7-10　固定效应残差检验

异方差检验	chi2	8 604.50
	Prob > chi2	0.000
自相关检验	F	128.531
	Prob > F	0.000

固定效应异方差估算的结果对应的 chi2 的值为 8 604.50,自相关的 F 的值为 128.531,以上变量对应的 P 值在 0.01 的水平下显著。表明固定效应方程存在异方差,所以下文需要对固定效应模型进行修正。GLS 修正见表7-11。

表7-11　FGLS 分析结果

OPEN	Coef.	Std. Err.	z	P > z	[95% Conf.	Interval]
ES	1.827 05	0.537	3.400 0	0.001 0	0.773 6	2.880 5
PEOPLE	0.935 19	0.188	4.970 0	0.000 0	0.566 1	1.304 3
GRFVGDP	2.070 40	0.933	2.220 0	0.026 0	0.241 9	3.898 9
_cons	0.147 43	0.078	1.890 0	0.059 0	-0.005 5	0.300 4
Wald chi2(3)	=	114.80		Prob > chi2	=	0.000

在以上的 GLS 修正后的结果中,模型修正的结果中对应的 P 值为 0.000,

说明回归方程是合理的。因此,将回归结果做如下总结(见表7－12)。

表7－12　OPEN回归指标总结表

VARIABLES	RE	FE	GLS
	OPEN	OPEN	OPEN
ES	1.158 * * *	1.085 * *	1.827 * * *
	2.580	2.330	3.400
PEOPLE	0.002	0.261	0.935 * * *
	0.000	－0.200	4.970
GRFVGDP	2.870	3.782	2.070 * *
	1.300	1.620	2.220
Constant	0.167	0.147	0.147 *
	0.860	1.160	1.890
Observations	64	64	64
R－squared		0.687	
Number of ID	8	8	8

Standard errors in parentheses;＊＊＊ p＜0.01, ＊＊ p＜0.05, ＊ p＜0.1

7.3.5　对估计值的分析

经济增长率(ES)在1%的显著水平内对对外开放度(OPEN)产生正向影响。经济增长率表明一个地区当年的经济发展速度和繁荣程度,经济增长率越高,产出增长得越快,能够提供的产品就越多,出口增长也快。同时,经济增长率越高,居民的收入增长也越快,对进口产品也会形成强烈的需求,进而使得进口量增加,从而提升贸易开放度。在经济增长快的年份,经济繁荣度高,包括外国人在内的投资者投资信心增强,本地区所吸收的外国资本就会增长,从而提升资本开放度。贸易开放度和资本开放度的双重提升必然带来对外开放度的提升。因此,欲提高中蒙俄经济走廊沿线地区的开放度,加强对外合作和交往,保持本地区的经济活力和一定的经济增长速度是一个重要因素。

人口迁入比例(PEOPLE)在1%的显著水平内对中蒙俄经济走廊沿线地区的对外开放度产生正向影响。人口迁入比例指标反映了一个地区的文化包容度,文化包容度高的地区才能吸引外来人口流入。外来人口的流入一方面直接带来了本地生产能力的提升和对进口品的需求,另一方面带来了人才的流入,从长远角度来看,外来人口流入能提高该地区的科技和经济发展能力,为开放度不断提升带来动力。目前东北地区面临人才流失、人口净流出的发展困境,这成为东北地区生产力发展的一大障碍。因此,财政部门拿出资金支持,出台有吸引力的人才政策,政府在思想上真正做到尊重人才、重视人才,增加人口的净流入,提升对文化的包容度,有利于提升中蒙俄经济走廊沿线地区的对外开放度。

每百万元 GDP 货运量(GRFVGDP)在 5% 的显著水平对对外开放度产生正向影响。每百万元 GDP 货运量是用一个城市一年的货运量(万吨)与当年的GDP(百万元)相比较得到的一个相对指标。城市一年的货运量越多,这个指数就越高。当然,GDP 的增加必然伴随着货运量的提升,正因为如此,这一比值的提升就代表了该地区运输能力的提升,包括运输基础设施的完善、效率的提升以及进出口货物的增加。经济走廊的一项基本政策就是加强交通基础设施建设,提高交通运输能力,这一指标也能从侧面反映出经济走廊政策的落地情况。从实际所反映出来的情况看,东北地区大连、沈阳的运输能力在经济走廊建设提出以后增长比较快,说明中蒙俄经济走廊政策在辽宁省落地比较好;长春的运输能力有所增长,但不明显;哈尔滨的运输能力不升反降。运输能力越强,越有利于这一地区的进出口贸易,投资商也会有意识地选择基础设施发达、交通便利的地方投资,因此能够带来更多的进出口贸易,吸引更多的国外资本,从而提高对外开放度。东北地区尤其是吉林省和黑龙江省,包括内蒙古东北地区,其交通路网与华北京津冀地区相比,无论是在数量上还是在等级、质量上都难以企及,而且基本都集中在省会城市周边,越到末端和边境地区越稀疏。欲提升中蒙俄经济走廊东北地区的开放度,加强交通基础设施建设、完善边缘地带的道路交通基础设施并增强货物运输能力是一项重要手段。

本章小结

本章选取了外贸开放度和外资开放度两项开放度水平指标衡量中蒙俄经济走廊国内沿线地区基础设施建设的开放效应,测算结果说明经济走廊基础设施建设产生了开放效应。同时将中蒙俄经济走廊同其他五条经济走廊沿线地区的对外开放度进行了比较,2018 年开放度最高的是中国—中南半岛经济走廊的沿线城市,中蒙俄经济走廊的开放度居于六条经济走廊中的第二位。六大经济走廊整体对外开放度偏低,2010—2018 年经济走廊贸易开放度整体呈现出先降后升的趋势,这与进入经济新常态以后中国经济增长率下降有关,而拐点普遍出现在 2014—2016 年,说明经济走廊的政策效应开始显现。2010—2018 年,各个经济走廊资本开放度层次非常明显且总体呈下降趋势,新亚欧大陆桥经济走廊最稳定,中蒙俄经济走廊下滑最明显。但资本开放度对对外开放度影响不大,对外开放度主要是由贸易开放度决定的。

值得中蒙俄经济走廊借鉴的经验有:提升贸易便利化水平、加强通关口岸的建设、建设境内外产业园区、提供交流合作平台。

此外,本章研究了经济增长率、运输能力及交通便利性、对外包容度三方面因素对中蒙俄经济走廊沿线对外开放的影响。设定了线性模型,运用四城市对外开放度、GDP 增长率、货运量增长率和人口迁入比例的数据进行回归分析,经过估计、检验和修正得到计量模型,判断三方面因素对对外开放度均有推动作用,应大力发展经济,出台有吸引力的人才政策,加强交通基础设施建设,以提高东北地区中蒙俄经济走廊对外开放水平。

第 8 章　加快推进中蒙俄经济走廊基础设施建设的对策及建议

8.1　中蒙俄合作亟须转型升级

中蒙俄三国间的合作均有需要加强的地方,且亟须转型升级。三方合作的基础是政治上的互信和经济上的互利。目前三方的合作受制于许多非经济方面的因素,比如思想上的"中国威胁论"和狭隘民族主义的思潮;政治上各方的政策多变和效率低下;环境上污染加重、天气条件恶劣、社会治安差以及电力供应不足等等。其导致的结果是合作效率降低以及投资者投资信心的降低。例如,在 2008 年,受到国际金融危机的影响,中俄两国石油合作协议在 2009 年才正式签订,事实上,若未爆发乌克兰危机,中俄能源相关的合作必定会继续延期。

制约经济走廊发展的最大瓶颈在于俄、蒙两国国内基础设施的发展。在国家相关组织公布的《2014—2015 全球竞争力报告》中涉及的经济体共计有 144 个,从总体基础设施排名上来看,蒙古国排在全球第 119 位,而公路质量水平则排在全球第 130 位,铁路基础设施质量水平排在全球第 69 位,港口基础设施质量水平排在全球第 143 位,航空基础设施质量水平排在全球第 125 位,电力供应质量则排在全球第 100 位。在总体的基础设施排名中,俄罗斯排在全球第 74 位,公路质量水平排在全球第 124 位,铁路基础设施质量水平排在全球第 26 位,港口基础设施质量水平排在全球第 81 位,航空基础设施质量水平排在全球第 79 位,电力供应质量排在全球第 73 位。根据以上数据结果可以得出,俄罗斯与蒙古国的基础设施建设实力相对比较差,总体处于落后状态,这也会对中蒙俄经济走廊的构建造成很多不利影响。

中蒙俄三国的经济合作唯有转型升级,致力于发展全面、务实的合作,才有可能满足三国民众迫切的发展要求。首先要打通民心,民心是合作的基石。发展中国家的话语权在西方媒介的主导下往往受到钳制,这也导致各国信息不通畅,落后地区民众的思想往往停留在固有的习惯中,难以跟上时代。因此三国之间除了要在经贸方面展开合作,还应该大力发展传媒合作,通过有独立思维能力的自有媒体的信息传播相互了解,求同存异,并产生多元认同,进而运用开放性思维看待邻国及自身的发展。比如在 2020 年初,中国爆发了严重的新型冠状病毒疫情,俄罗斯给予中国大量无私的援助。在媒体的报道下,"患难之中现真情"的民族情感立即被激发了起来,中国民众对俄罗斯人民的好感油然而生。其次,俄罗斯与蒙古国应尽快发展自身的国力,中国也应尽力帮助其发展,因为经济发展水平相近的国家或地区才更有可能实现一体化。第三,除了发展引人注目的大项目,三国还应致力于切实的民生项目合作,如医疗卫生、教育科技、环境保护、住房养老,让各国民众体验到合作带来的发展,切实享受到发展带来的红利,进而全力支持经济走廊建设。

经济互补是中蒙俄三国构建经济走廊、对接发展战略的基本条件,充分发挥这一特征,在构建经济走廊的过程中互相借力,能够实现三方资源的合理配置,从而提升彼此之间的合作水平。所以,若想实现这一目标,则必须要采取一系列的措施手段,达到优势互补的目的。对于中国与蒙古国来说,在产品制造、基础设施建设以及机械运输等诸多领域,中国均具有不可撼动的优势,而蒙古国的优势则体现在了矿产资源以及非食用原料等方面。对于中国与俄罗斯来说,在劳动力密集型产品方面,中国具有很多优势,而俄罗斯的优势则体现在了初级产品与军工领域。中蒙俄三国之间存在经济互补,中国对蒙俄两国的石油、矿产资源和农副产品有着巨大的需求,而俄罗斯和蒙古国对中国的轻工产品、机械设备以及现代农产品也有着强烈的需求。所以,中俄之间在进行产业合作时,应对重工业与轻工业的互补给予更多重视,中蒙之间的产业合作应倾向于中方帮助构建蒙方急需的产业链条方面。基于此,应从以下几个方面着手:第一,在基础设施建设方面,要提高蒙俄两国的建设力度,特别是蒙古国,通过合作互助来实现电力、石油以及天然气输送网络的建设,构建出完善的跨境资源能源输送网络,改善这两个国家的能矿产品加工能力,从而产生更多的附加值。第二,增强中蒙俄三个国家的信息化输送网络建设力度,在互联网的帮助下,实现资源的合理配置,在中蒙俄经济走廊上,构建出完善的商务信息平台,并使之产生一定的辐射作用,同时以大数据作为基本依据,对商贸物流信息进行分析,增进各国之间的贸易往来。

8.2　进一步加强交通基础设施建设

在当前形势下,俄罗斯正位于发展的分岔路口,急需转变传统的发展模式。然而在转型发展期间,俄罗斯也面临着诸多的困难与挑战,首当其冲的就是滞后的基础设施建设,尤其是俄远东地区。由于整体的基础设施十分落后,从某种程度上来看,也对中俄之间的次区域合作产生了严重的阻碍。而在基础设施建设领域,因为中俄之间具有得天独厚的区位优势,而且发展前景十分广阔,所以在"一带一路"的倡议下,中俄之间的合作也会越来越密切。蒙古国基础设施需求旺盛但建设能力不足。综合蒙古国的发展现状来看,该国的基础设施建设也十分落后,货运交通运输基本上仅通过公路与铁路进行,很少会涉及其他领域。现阶段,在该国境内所修建的铁路只有两条,一个是乌兰巴托铁路,另一个则是乔巴山铁路,铁路共计为 1 815 千米。境内公路主要可以划分为三种类型:国家级公路、单位自用路以及地方公路。直至 2012 年末,境内公路共计 49 250 千米,其中柏油路只有 2 395 千米,且很多公路已经开始老化,整体的路况十分差。该国的交通基础设施也比较落后,随着社会经济的不断发展,早已无法满足当前的需求,也对境外投资以及出口运输产生了严重的阻碍,甚至影响了外部经济合作的发展,不利于蒙古国与各国之间的经贸合作。

在建设中蒙俄经济走廊的过程中,要致力于促进绥芬河—俄罗斯格罗捷阔沃铁路、两山（阿尔山—乔巴山）铁路、牡丹江—俄罗斯符拉迪沃斯托克跨境铁路等项目的建设,从而保证跨境物流通道不受阻碍。与此同时,还要完善各国与莫斯科、乌兰乌德、赤塔以及伊尔库茨克等俄罗斯城市的航空网络建设,加强与乌兰巴托等蒙古国城市的合作,构建出跨欧亚立体化大通道。若想实现跨境运输的互联互通,在实践操作中,应加强三方的通关能力,增强建设力度,避免浪费过多的通关时间。除此之外,也要提升工作人员的工作能力与专业水平,提升整体的业务效率,也可以参考其他国家的先进经验,结合中蒙俄经济走廊的实际发展特征,深入贯彻落实"深化海关分类通关、联检联运监管改革"的发展目标,避免产生过多的货物积压。

此外,还应促进国际之间的业务合作,加强对中蒙俄经济走廊建设的重视,致力于实现国际区域经济一体化的发展目标。现阶段,随着经济全球化的到来,区域经济一体化也极大程度地加快了生产要素的流动速度,面对这一发展现状,必须要提高对经贸合作的重视,增进中蒙俄三方的合作交流,积极建设出科学合理的开放型经济新体制。与此同时,也要实现道路互联互通的目标,在

"一带一路"的倡议下,与沿线国家合作交流,加强跨境交通基础设施的建设,形成完善的交通运输网络,实现亚洲与欧洲的有效连接,为各个国家的经济发展创造便利条件,最后达到共赢的目的。

8.3　结合新型基础设施建设发展电子商务

随着信息化的不断发展,电子商务模式展示出便捷化的优势,电子商务的覆盖范围呈指数级增长,用户也在逐渐增多,恰好这些都满足了企业快速发展的需要。近年,亚马逊在中国的跨境出口电商业务发展得如火如荼,跨境电商是目前全球对外贸易中发展潜力最大的领域。中蒙俄经济走廊的域内企业如果能抓住这波机遇,借助新型基础设施建设的技术优势,占据中蒙俄电商市场的先机,则未来可期。

俄罗斯数字产业媒体(EDWN)在一份关于俄罗斯2019年电商市场的报告中指出,预计当年底俄罗斯实体商品的在线销售额将达到约197.4亿欧元。到2023年,俄罗斯的电商市场价值会接近450亿欧元。俄罗斯电商正在进入一个加速发展的周期。多家大型在线零售商的收益年增长率为50%至150%。根据IT咨询公司DataInsight的数据显示,2018年,俄罗斯的电商市场价值达1.15万亿卢布(163.5亿欧元),相较于2017年增长了19%。这些统计数据不包括跨境销售和服务及数字商品的销售。2018年俄罗斯实体商品电子商务销售额(不包括跨境销售)约占零售总额的5%。虽然俄罗斯有很多大型的在线零售商,但还没有出现"一家独大"的电商玩家。Wildberries、Citilink、Ozon和Lamoda是目前俄罗斯市场的主要玩家,据悉中国阿里巴巴和土耳其电商即将入场。2011—2018年俄罗斯实体商品电商市场价值见图8-1。

得益于"一带一路"建设,中俄两国跨境电子商务发展日益繁荣,近年来中俄之间的跨境购出现了井喷式增长,尤其是俄方对中国物美价廉的日用品需求庞大。据统计,2016年俄罗斯网民从中国订购的商品数量比2015年增长78%,花费总计25亿美元,比2015年增加了1.8倍,在中国网购的商品量占俄罗斯海外网购商品总量的一半以上,平均每天有50多万个包裹从中国发往俄罗斯。两国跨境购的繁荣的原因,一方面是中国商品的高性价比吸引了俄罗斯网络消费者,另一方面是中俄跨境交通(中俄客、货运班列)的畅通便利使物流业呈现出大发展趋势。

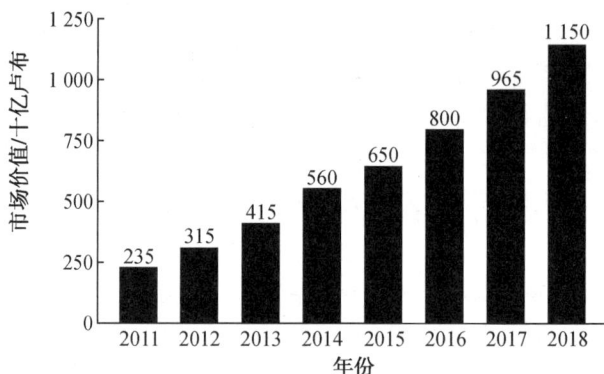

图 8-1 2011—2018 年俄罗斯实体商品电商市场价值

俄罗斯庞大的地理范围和物流交通业发展所需的软硬件设施欠缺,导致其基本物流服务和交通运输仍处于初级阶段,主要表现在交通基础设施落后、终端和仓库基础设施不健全、气候多变和地理等自然因素影响较大、国内贸易政策制定眼光短浅等方面。此外,俄罗斯还存在海关清关手续繁杂、关税征收标准混乱、海关管理机构混乱等问题,这些摆在眼前的主客观因素,不仅难以满足俄罗斯普通民众日益增长的消费需求,而且成为俄罗斯发展物流业的最大阻碍。据统计,2014—2015 年俄罗斯国内铁路、内河航道和公路运量都在不同程度地减少,2015 年公路运量消退尤其严重,但俄罗斯国内却对物流业需求非常大,出现了供需不平衡的现象。为此俄罗斯政府也在千方百计发力,力争使本国落后的物流产业向现代物流产业转型。

经济全球化已成为世界经济发展的必然趋势,其要求生产要素在全球范围内流动,并最终实现资源的最优配置。"中国制造"的商品享誉全球,而且中国拥有充足的资金、技术和先进管理经验,需要的是进一步开拓国际市场,广泛参与各个层面的分工,提高在国际分工及价值链中的地位,成为"国际化链条"的重要一环。俄罗斯则迫切需要像中国这样的投资者和其拥有的先进技术管理经验来改善国内物流及交通不畅的局面,在方便进口中国物美价廉日用品的同时,又能把本国过剩的能源资源通过物流交通运输出口到中国,因此两国在这一领域的合作能够实现高度互补。

蒙古国目前电子商务形式相对比较多,然而,综合其跨境电子商务的发展现状来看,目前仍处于发展的初期阶段。最近几年,蒙古国为了促进电子商务的发展,采取了一系列的方法措施。迄今为止,蒙古国的电子商务已经发展了很长时间,该国人口数量大约为 300 万人,当前网民占总人口的 68%,大约有

210 万人。现阶段,蒙古国比较常见的电子商务模式主要有 B2C、C2C。青年人的人口数量已经超过总人口的一半,这些人对新鲜事物充满好奇,而且也追求时尚,他们是网络购物的主力军。1995 年,蒙古国开始发展互联网业务,这也为电子商务的发展打下了坚实的基础。该国境内无线网络已经普及,覆盖了手机 3G、4G 网络,在首都乌兰巴托市的酒店、餐厅以及公司等场所均会提供免费 wifi,该国的网民数量非常多。蒙古国人民在进行网购时,主要会购买服装、书籍、化妆品以及软件等产品。而我国已经形成了完善的物流配送体系,从 2011 年开始,蒙古国也贯彻落实了户户通邮政计划,并且为公民提供市内递送服务,可以使网络购物的配送需求得到满足。中国企业就有在蒙古国开办电子商务平台成功的案例。随着蒙古国居民网购需求的上升,中国企业有做大这块市场蛋糕的潜力。

在硬件方面,中国应逐步向俄、蒙推广 5G 网络的商用合作,发展人工智能的商务平台,发挥工业互联网的产品优势,抢占新一轮发展的先机。

8.4　进一步加强金融基础设施建设

尽管我国提出了"一带一路"倡议,但中蒙俄之间的金融合作仍面临许多问题,主要可以体现在以下几个方面:监管反洗钱面临许多困难、需制定出完善的金融合作机制、需加强本币结算、现钞调运成本过多、中蒙对俄罗斯的金融合作具有风险以及边贸公司融资难等,随着三方金融合作深入推进,必须要对上述问题加以重视,加强金融基础设施建设,由传统的规模速度型,逐渐转变成质量效益型。

首先,三方应建立促进全球金融民主化的全球金融体系。随着美元国际储备比重的下降,人民币有望成为新的世界储备货币之一,中蒙俄之间的金融合作有利于这一目标的实现。金砖国家银行和亚洲基础设施投资银行的成立,为合作国家提供了基础设施方面的融资服务,新的货币体系和替代经济机制也会随之产生。

其次,三方要促进宏观经济金融信息沟通合作机制的诞生。在各国意见统一的条件下,基于"一带一路"倡议为依托,设立恰当的宏观经济研究分析组织,重点探讨各国金融风险的防范措施,制定出相应的协调机制。与此同时,应充分发挥出双边协定的作用,通过中俄与中蒙之间的自由贸易等协议,加强各国之间的业务合作,在大国政策的影响下,积极加深中蒙俄的金融合作程度,使各国迎来新的发展高度。

再次,三方需增强金融监管合作力度,提高金融规则对接水平,促进金融合作。中蒙俄在发展的过程中,应严格遵循本国的监管制度,增强网点布局的建设,为企业发展带来更好的金融服务,深入促进双边与多边贸易发展,积极响应"一带一路"的政策方针,加强金融机构之间的合作往来,使民生问题得到实质性解决。中资金融机构在进行规划布局时,必须要结合蒙俄两国的经济金融水平考虑,做好合理布局与规划,根据各国的行业发展需求与政策监管规定,对代表处、分行以及区域运营中心等金融机构进行合理设置。在条件允许的情况下,中俄在介入对方的金融市场时,可以采用投资入股、兼并收购、PPP 项目等方法。除了商业银行之外,保险以及证券等金融机构可以结合自身的发展需求,采用投资入股、兼并收购以及建立分支机构等方法,实现综合化经营的目的,并提供金融服务,为各国的经济发展创造有利条件,改善民生的经济水平。因此,上述举措也具有重要的实际意义。

最后,三方在跨境金融机构应致力于挖掘出特色业务的潜力,增强金融服务能力,完善金融产品类型。除了传统业务如存贷款、贸易融资、转账汇兑以及项目融资等之外,中蒙俄三个国家的金融机构也要加大力度,提高对本区域货币业务的重视,争取在财务管理咨询、承销上市、兼并收购以及搜集行业信息等几个方面取得显著成果,逐渐构建出完整的境外产业链,进而涵盖到各个领域,例如高端理财、资产托管、投资代理以及金融市场交易等,使构建出的金融服务体系具有综合性与多元化的特点,满足各国的业务需求,强化业务能力与产品供给水平。

本章小结

本章给出了加快中蒙俄经济走廊基础设施建设的对策与建议。在进一步加强中蒙俄经济走廊建设方面,中蒙俄经济合作亟须转型升级,中蒙俄三国的合作均有需要加强的地方。三方合作应打通民心,在民生、传媒领域增强合作,俄、蒙应尽快发展自身国力,做到三国"齐头并进"。经济互补是中蒙俄三国对接发展战略、建设经济走廊的重要前提。俄罗斯远东地区基础设施的落后已成阻碍两国次区域合作的瓶颈,蒙古国相对落后的交通基础设施水平是其参与周边国家与地区经济合作的最大劣势,三国应进一步加强互联互通的基础设施建设,三国还应鼓励新型基础设施的建设和电子商务的发展。俄、蒙的电子商务市场规模十分可观,而且还在呈现扩大的态势,中国企业应把握机遇,占领市场。中蒙俄需要进一步加强金融合作和金融基础设施的建设,一是建立促进全球金融民主化的全球金融体系;二是加强宏观经济金融信息的交流与合作;三是加强金融监管合作和金融规则对接;四是挖掘特色业务潜力,丰富金融产品种类,进一步提高金融服务能力。

参 考 文 献

[1] ADELHEID H. Transport infrastructure, agglomeration economies, and firm birth: Empirical Evidence from Portugal[J]. Journal of Regional Science, 2004, 1 (44): 693 - 712.

[2] LOS B. Identification of strategic industries: a dynamic perspective [J]. Papers in Regional Science, 2004, 83(4): 669 - 698.

[3] ASCHAUER, DAVID A. Back of the G - 7 pack: public investment and productivity growth in the group of seven[R]. Federal Reserve Bank of Chicago, Working Paper 1989.

[4] BAERWALD, THOMAS J. Land use change in suburban clusters and corridors[C]. Transportation Research Record. National Research Council Washington, D. C., 1982:7 - 12.

[5] BALDWIN R, FORSLID R, MARTIN P, et al. Economic Geography and Public Policy[M]. Princeton: Princeton University Press, 2003.

[6] Banister D, Berechman Y. Transport investment and the promotion of economic growth[J]. Journal of Transport Geography, 2001(9):209 - 218.

[7] BARRO R. Government spending in a simple model of endogenous growth [J]. Journal of Political Economy, 1990, 98 (5):103 - 125.

[8] BOARNET M G. Spillovers and locational effect of public infrastructure[J]. Journal of Regional Science, 1998(38):381 - 400.

[9] BOOPEN S. Transport infrastructure and economic growth: evidence from africa using dynamic panel estimates[J]. The Empirical Economic Letters, 2006, 5(1):37 - 52.

[10] BUURMAN J, RIVETED P. Transport infrastructure and industrial location: the case of thailand[J]. Review of Urban and Regional Development Studies, 1999, 11(1):45 - 62.

[11] CANNING D, FAY M. The effect of transportation networks on economic growth[M]. New York: Department of Economics Columbia University, 1993.

[12] CHANDRA A, THOMPSON E. Does public infrastructure affect economic activity? evidence from the rural interstate highway system[J]. Regional Science and Urban Economics,2000(30):457 –490.

[13] CHARLES F, WHEBELL. Corridors:a theory of urban systems[J]. Annals of the Association of American Geographers. 1969,59(1):1 –26.

[14] CHRISTOPHE K. New estimates of government net capital stocks for 22 OECD countries,1960 –2001[J]. IMF Staff papers,2006,53(1):120 –150.

[15] COX M. Reserved Bus Lanes in Dallas, Texas [J]. Transportation Engineering Journal – ASCE, 1975,101(4):691.

[16] DE BLIJ H J, MURPHY A B. Human geography culture,society,and space. [M]. Sixth Edition. New York:John Wiley & Sons Inc,1999.

[17] EAKIN D, SCHWARTZ A. Spatial productivity spillovers from public infrastructure: evidence from state highways [J]. International Tax and Public Finance, 1995,2 (3):459 –468.

[18] ENTESSAR N. Trends, prospects and challenges of globalization[J]. Journal of Third World Studies,2009(2):297 –298.

[19] GAKENHEIMER R, HUMPHREY F, MCNEIL S, et al. National survey of transportation actions in suburban corridors [M]. Massachusetts: Massachusetts Institute of Technology,1987.

[20] HANSON G. Economic integration, intraindustry trade, and frontier regions [J]. Euro Pean Economic Review,1996(40):941 –949.

[21] HARRIS C D. The market as a factor in the localization of industry in the United State[J]. Annals of the Association of American Geographers,1954, 44(4):315 –348.

[22] HIRSCHMAN A. The strategy of economic development[M]. City of New Haven:Yale University Press,1958.

[23] DOUGLAS H. Public-Sector capital and the productivity puzzle[J]. The Review of Economics and Statistics,1994(76):12 –21.

[24] HOYLE B, GOMEZ G. The impact of orbital motorways on intra – metropolitan accessibility: the case of Madrid's M – 40 [J]. Journal of Transport Geography, 1999,7 (1):1 –15.

[25] HULTEN C, SCHWAB R. Public capital formation and the growth of regional manufacturing industries[J]. National Tax Journal,1991,44 (4):121 –134.

[26] HULTEN C, BENNATHAN E, SRINIVASAN S. Infrastructure, externalities, and economic development: a study of the indian manufacturing industry[J]. World Bank Economic Review,2006,20（2）: 291 – 308.

[27] DIXIT A, STIGLITZ J. Monopolistic competition and optimum product diversity [J]. The American Economic Review,1977,67（3）:297 – 308.

[28] JOSEPH B, DILRUBA O, KAAN O. Empirical analysis of transportation investment and economic development at state, county and municipality levels[J]. Transportation, 2006（33）:537 – 551.

[29] KASHINA N. Investment cooperation in the mining sector between the Russian far east and northeast China. [J]. Far Eastern Affairs, 2014（2）: 115 – 126.

[30] KILKENNY M. Transport costs and rural development [J]. Journal of Regional Science,1998,38（2）: 293 – 312.

[31] KRUGMAN P. Increasing returns and economic geography [J]. Journal of Political Economy, 1991,99（3）:483 – 499.

[32] RESMINI L. Economic integration, industry location and frontier economies in transition countries[J]. Economic Systems,2003,27（2）:205 – 221.

[33] LUCAS R. On the mechanics of economic development [J]. Journal of Monetary Economics,1988, 22 （1）:3 – 42.

[34] BOARNET M. Spillovers and the location effects of public infrastructure [J]. Journal of Regional Science,1998（38）:381 – 400.

[35] MARAZZO M, SCHERRE R, FERNANDES E. Air transport demand and economic growth in brazil: a time series analysis [J]. Transportation Research Part E: Logistics and Transportation Review, 2010,46（2）:261 – 269.

[36] MUNNELL A, COOK L. How does public infrastructure affect regional economic performance [J]. New England Economic Review, 1990,9:11 – 33.

[37] PRAHALAD C, HAMEL G. The core competence of the corporation [J]. Harvard Business Review, 1990（5 – 6）:79 – 91.

[38] PRED A. The spatial dynamics of U. S. urban – industrial growth [M]. Cambridge:MIT Press,1966.

[39] ROMER P. Increasing returns and long run growth[J]. Journal of Political Economy,1986,94（5）: 1002 – 1052.

[40] ROSENSTEIN-RODAN P. Problems of industrialization of eastern and

southeastern Europe[J]. Economic Journal,1943(53):202－211.

[41]　PETTER R. Russia as an energy superpower[J]. New Political Economy, 2008(13):203－210.

[42]　YEAPLE S. The complex intergration strategies of multinationals and cross country dependencies in the structure of foreign direct investment[J]. Journal of International Eeonomies,2003,60(2):293－314.

[43]　TERESA G,THERESE M. The contribution of publicly provided inputs to states' economies[J]. Regional Science and Urban Economics,1992(22): 229－241.

[44]　TAAFFE E J, GAUTHIER H, O'KELLY M E. Geography of transportation [M]. New Jersey:Prentice－Hall Inc,1996.

[45]　TAAFFE E J,KRAKOVER S,GAUTHLER H L. Interactions between spread－ and－backwash, population turnround and corridor effects in the Inter－ metropolitan periphery:a case study[J]. Urban Geography,1992,13(6): 503－533.

[46]　TAYLOR G. Urban geography[M]. London:Routledge,2008.

[47]　MARKETOS T. Eastern caspian sea energy geopolitics:a litmus test for the U.S.－Russia－China struggle for the geostrategic control of eurasia[J]. Caucasian Review of International Affairs,2009(1):2－19.

[48]　WERNERFET B. A resource－based view of firm[J]. Strategic Management Journal, 1984(5):171－180.

[49]　YOUNG A. Increasing returns and economic progress[J]. The Economic Journal,1928,38(152):527－542.

[50]　阿尔弗雷德·韦伯. 工业区位论[M]. 李刚剑,译. 北京:商务印书馆,1997.

[51]　弗里德里布·李斯特. 政治经济学的国民体系[M]. 邱伟立,译. 北京:华夏出版社,2009.

[52]　沃尔特·克里斯塔勒. 德国南部中心地原理[M]. 王兴中,译. 北京:商务印书馆,1998.

[53]　约翰·杜能. 孤立国同农业和国民经济的关系[M]. 吴衡康,译. 北京:商务印书馆,1986.

[54]　弗拉基米尔·亚库宁. 跨欧亚发展带[J]. 钟建平,译. 俄罗斯学刊,2014(5):29－35.

[55] 沃尔特·艾萨德.区位与空间经济[M].杨开忠,译.北京:北京大学出版社,2011.

[56] 埃德加·胡佛.区域经济学导论[M].王翼龙,译.北京:商务印书馆,1990.

[57] 安江林.西部大开发与现代增长极理论的创新[J].甘肃社会科学,2003(4):65-67,74.

[58] 毕德利.携手推进"中蒙俄经济走廊新通道"建设[J].北方经济,2015(9):61-63.

[59] 陈才,袁树人,丁四保.图们江通海航行与珲春地区总体开发战略设想[J].东北亚论坛,1992(1):59-66.

[60] 程楠,陆化普,赵小强.从时间维度看区域协调发展的交通对策研究:以东三省为例[J].兰州交通大学学报,2010(8):52-56.

[61] 邓丹萱.交通基础设施的网络效应及溢出效应的实证研究[D].北京:对外经济贸易大学,2014.

[62] 丁士晟.图们江内河海港开发设想[J].东北亚论坛,1993(1):1-11.

[63] 董大朋,陈才.交通基础设施与东北老工业基地形成与发展:Var 模型的研究[J].经济地理,2009(7):1143-1147.

[64] 董锐.中蒙贸易互补性分析[J].中国商贸,2010(6):177-178.

[65] 杜凤莲,张慧敏,赵鹏迪.经济互补性以及优势叠加:建设中蒙俄经济走廊的基础[J].北方经济,2015(9):50-53.

[66] 萨伊.政治经济学概论[M].北京:商务印书馆,1997.

[67] 范九利、白暴力.基础设施资本对经济增长的影响:二级三要素 CES 生产函数法估计[J].经济论坛,2004(11):10-13.

[68] 方华.中蒙经贸关系的现状及前景[J].现代国际关系,2010(6):47-51,57.

[69] 冯一帆,张青青."一带一路"六大经济走廊贸易便利化测评报告(2013—2018)[J].国家治理,2019(43):3-10.

[70] 高国清,都静,纪超."中蒙俄经济走廊"基础设施建设引入 PPP 模式的探讨[J].北方经济,2015(9):26-29.

[71] 韩彪.交通运输发展理论[M].大连:大连海事大学出版社,1994.

[72] 国家发展和改革委员会,外交部,商务部.推动共建丝绸之路经济带和21 世纪海上丝绸之路的愿景与行动[N].人民日报,2015-03-29(4).

[73] 韩增林,杨荫凯,张文尝,等.交通经济带的基础理论及其生命周期模式

研究[J].地理科学,2000(4):295-300.

[74]　何勇.打造东北对外开放重要平台[N].人民日报,2011-07-13(020).

[75]　洪世键,张京祥.中国大都市区管治:现状、问题与建议[J].经济地理,2009(11):1816-1821.

[76]　胡艳,朱文霞.交通基础设施的空间溢出效应:基于东中西部的区域比较[J].经济问题探索,2015(1):82-88.

[77]　华倩."一带一路"与蒙古国"草原之路"的战略对接研究[J].国际展望,2015,7(6):51-65,153-154.

[78]　姜振军.俄罗斯东部地区经济发展研究[M].北京:社会科学文献出版社,2016.

[79]　姜振军.中俄蒙共同建设国际跨境运输走廊问题研究[J].北方经济,2019(7):31-38.

[80]　鞠晴江.道路基础设施、经济增长和减贫:基于四川的实证分析[J].软科学,2006(6):52-55.

[81]　李伯牙.中蒙俄经济走廊开辟东北开放新通道[N].21世纪经济报道,2015-03-26(6).

[82]　李婵娟.我国公共基础设施投资效应研究[D].济南:山东大学,2013.

[83]　李德潮.图们江口地区海运开发的几点史料及分析[J].海洋与海岸带开发,1992(1):80-83.

[84]　李慧.中蒙经贸合作现状及对策[J].商场现代化,2008(3):11-13.

[85]　李新.中蒙俄经济走廊是"一带一路"倡议构想的重要组成部分[J].西伯利亚研究,2015(3):5-10.

[86]　李勇慧,倪月菊.俄罗斯远东超前发展区和自由港研究[J].欧亚经济,2019(5):60-74,126,128.

[87]　李勇慧.中俄蒙经济走廊的战略内涵和推进思路[J].东北亚学刊,2015(4):10-13.

[88]　梁双陆,梁巧玲.交通基础设施的产业创新效应研究:基于中国省域空间面板模型的分析[J].山西财经大学学报,2016,38(7):60-72.

[89]　林木西,赵双剑.以LS模型为基础的蒙古国集聚力分析[J].沈阳师范大学学报(自然科学版),2020,38(3):220-225.

[90]　刘少坤、范丽君.蒙古国发展研究报告(2019)[M].北京:社会科学文献出版社,2019.

[91]　刘生龙,郑世林.交通基础设施跨区域的溢出效应研究:来自中国省级面

板数据的实证证据[J].产业经济研究,2013(4):59-69.

[92]　刘晓光,张勋,方文全.基础设施的城乡收入分配效应:基于劳动力转移的视角[J].世界经济,2015,38(3):145-170.

[93]　卢光盛,邓涵.经济走廊的理论溯源及其对孟中印缅经济走廊建设的启示[J].南亚研究,2015(2):1-14,154.

[94]　陆大道.关于"点—轴"空间结构系统的形成机理分析[J].地理科学,2002(1):1-6.

[95]　陆大道.区位论及区域研究方法[M].北京:科学出版社,1988.

[96]　路妍,蒋贤锋.东北振兴中的金融开放:以辽宁省为例的分析[J].财经问题研究,2006(9):39-45.

[97]　罗尼·魏努力.共同管理:蒙古国的可持续草原之路[J].资源与人居环境,2012(1):56-57.

[98]　马忠新,伍凤兰.湾区经济表征及其开放机理发凡[J].改革,2016(9):88-96.

[99]　毛泽,朱军,董思彤,等.携手共建中蒙俄经济走廊与辽宁的路径选择[J].辽宁经济,2015(8):10-15.

[100]　穆沙江·努热吉."一带一路"经济走廊陆路节点口岸产业发展潜力及路径[J].中国流通经济,2020,34(2):47-58.

[101]　皮亚彬.集聚、扩散与城市体系[D].天津:南开大学,2014.

[102]　乔桂娟.俄罗斯教育现代化区域推进模式研究[D].长春:东北师范大学,2013.

[103]　曲莉春,张莉莉,康伟,等.发挥智库先行作用,助推中蒙俄经济走廊建设:"中蒙俄智库国际论坛2018"年会专家观点综述[J].北方经济,2018(10):42-46.

[104]　荣朝和.论运输化[M].北京:中国社会科学出版社,1983.

[105]　阮晓东.共建"中蒙俄经济走廊"[J].新经济导刊,2015(9):57-62.

[106]　石艾馨,李娇.中俄贸易结构及发展趋势分析[J].当代经济,2008(4):86-87.

[107]　石艾馨,李娇.中俄贸易相关性研究[J].黑龙江社会科学,2008(5):36-39.

[108]　宋瑞,何世伟.城市交通系统可持续发展问题的研究[J].北方交通大学学报,1999(5):7-11.

[109]　宋英杰.交通基础设施的经济集聚效应[D].济南:山东大学,2013.

[110] 宋志刚,韩丽丽,魏浩.中国与俄罗斯双边贸易关系的实证研究[J].中央财经大学学报,2010(5):69-74,96.

[111] 孙壮志,李中海,张昊琦.俄罗斯发展报告(2018)[M].北京:社会科学文献出版社,2018.

[112] 佟景洋.源缘圆元:"一带一路"视域下中蒙俄经贸发展[M].北京:社会科学文献出版社,2019.

[113] 佟新华.中蒙矿产资源合作研究[M].北京:社会科学文献出版社,2016.

[114] 中国人民大学国际货币研究所.人民币国际化报告2015:"一带一路"建设中的货币战略[M].北京:中国人民大学出版社,2015.

[115] 王厚双,朱奕绮.中蒙俄建设"中蒙俄经济走廊"的战略价值取向比较研究[J].北方经济,2015(9):54-57.

[116] 王莲琴,刘力.东北地区沿边开放与口岸经济的发展[J].经济地理,1999(5):21-23,127.

[117] 王瑞军.基于省域视角的中国交通运输对区域经济发展影响研究[D].北京:北京交通大学,2013.

[118] 王胜今,王凤玲.东北亚区域经济合作新构想[J].东北亚论坛,2003(1):3-8,96.

[119] 王胜今,张东辉.论地方城市·地方政府在东北亚区域经济合作中的地位和作用[J].东北亚论坛,1998(4):24-28.

[120] 王淑敏,翟雨萌."一带一路"下中蒙俄经济走廊的通关便利化问题研究[J].大连海事大学学报(社会科学版),2015(4):12-15.

[121] 王晓宇.推进"引进来"与"走出去"相结合的对外开放战略:东北老工业基地进一步扩大对外开放再思考[J].辽宁经济,2006(3):25.

[122] 韦小鸿.以开放为先导的广西沿海地区经济跨越式发展战略研究[M].南宁:广西人民出版社,2003:27.

[123] 邢广程."一带一路"的国际区域和国内区域定位及其涵义[J].中共贵州省委党校学报,2015(3):27-33.

[124] 熊永钧.运输与经济发展[M].北京:中国铁道出版社,1998.

[125] 徐嘉,李小丽,宋帅官,等.中国东北地区发展报告(2017)[M].北京:社会科学文献出版社,2017.

[126] 杨臣华,黄占兵.关于推进"乔巴山—阿尔山—图们江通道"建设的调研报告[J].北方经济,2008(10):10-12.

［127］　杨臣华,杨心雨.中蒙俄经济走廊带来六大机遇［N］.中国经济时报,
2015 - 12 - 03(05).

［128］　杨艳丽.中蒙俄经济走廊的战略审视［D］.长春:吉林大学,2016.

［129］　杨荫凯,韩增林.交通经济带的基本理论探讨［J］.人文地理.1999,14
(2):6 - 10.

［130］　叶宝明.我国东北与蒙古国铁路通道建设研究［J］.世界地理研究,2004
(6):26 - 32.

［131］　叶菁菁.中俄双边贸易的国际贸易理论实证分析［J］.国际贸易问题,
2006(8):40 - 44.

［132］　殷杰,杨向阳.区域经济与产业集群关系的实证分析:以江苏交通运输
设备制造业为例［J］.上海商学院学报,2009(1):51 - 54.

［133］　尹希果,刘培森.城市化、交通基础设施对制造业集聚的空间效应［J］.
城市问题,2014(11):13 - 20.

［134］　袁树人,宋德清.图们江三角国际合作开发中各国战略对策分析［J］.人
文地理,1993(6):13 - 19.

［135］　张光南,洪国志,陈广汉.基础设施、空间溢出与制造业成本效应［J］.经
济学(季刊),2014,13(1):285 - 304.

［136］　张广翠,于潇.东北振兴过程中的对外开放:中蒙合作［J］.东北亚论坛,
2007(5):46 - 49.

［137］　张守富,邢西蒙.在构筑"中蒙俄经济走廊龙江陆海丝绸之路经济带"中
充分发挥哈尔滨中心作用［J］.哈尔滨市委党校学报,2015(4):86 - 91.

［138］　张学良,孙海鸣.交通基础设施、空间聚集与中国经济增长［J］.经济经
纬,2008(2):20 - 23.

［139］　张学良.中国交通基础设施与经济增长的区域比较分析［J］.财经研究,
2007,33(8):51 - 63.

［140］　张学良.中国交通基础设施促进了区域经济增长吗:兼论交通基础设施
的空间溢出效应［J］.中国社会科学,2012(03):60 - 77,206.

［141］　张永军,赵秀清,康磊,等.内蒙古推进"中蒙俄经济走廊"建设的难点、
重点及对策［J］.北方经济,2015(9):34 - 38.

［142］　张志,周浩.交通基础设施的溢出效应及其产业差异:基于空间计量的
比较分析［J］.财经研究,2012,38(3):124 - 134.

［143］　赵凤彬.进入日本海　振兴图们江三角洲:关于我国图们江通航与开发
问题研究综述［J］.东北亚论坛,1992(2):18 - 23.

[144]　赵双剑,林木西.浅谈中国 PPP 融资难问题[J].技术经济与管理研究,
　　　　2018(4):72-76.

[145]　赵双剑.东北地区中蒙俄经济走廊的建设意义[J].生活潮·科学博览,
　　　　2022(2):52-55.

[146]　郑京淑,丁四保.图们江地区开发与建设大陆桥的走行路线研究[J].人
　　　　文地理,1993(6):81-88.

[147]　中国国际石油化工联合有限责任公司,中国社会科学院数量经济与技
　　　　术经济研究所.中国石油产业发展报告(2019)[M].北京:社会科学文
　　　　献出版社,2019.

[148]　中债资信评估有限责任公司,中国社会科学院世界经济与政治研究所.
　　　　中国对外直接投资与国家风险报告(2017)[M].北京:社会科学文献出
　　　　版社,2017.

[149]　朱宇,奥斯特洛夫斯基,刘爽,等.中国-俄罗斯经济合作发展报告
　　　　(2018)[M].北京:社会科学文献出版社,2018.